EL FENÓMENO CARISMÁTICO

EL FENÓMENO CARISMÁTICO

Peter Masters
y John C. Whitcomb

WAKEMAN TRUST
LONDON

EL FENÓMENO CARISMÁTICO
Título original: The Charismatic Phenomenon
© Peter Masters & John C. Whitcomb 1982
Publicado por primera vez en inglés como revista: 1982
Primera edición en español: 2004, Iglesia Bautista de la Gracia, México
Esta edición revisada y expandida publicada por primera vez en inglés: 1988
Esta edición revisada en español: 2014

WAKEMAN TRUST
(La Wakeman Trust es una institución benéfica del Reino Unido)

Oficina en el Reino Unido
38 Walcot Square
London SE11 4TZ

Oficina en los Estados Unidos de América
300 Artino Drive
Oberlin, OH 44074-1263

Página de internet: www.WakemanTrust.org

ISBN 978 1 908919 31 1

Traducción: Una Herbage, Bibiana Ortega, Rene Ramírez
Revisión: Michael Hunt, José Nieto, César Rengifo
Diseño de portada: Andrew Owen

Las citas bíblicas están tomadas de la versión Reina-Valera 1960, excepto cuando se indica otra versión. © Sociedades Bíblicas Unidas.

Todos los derechos reservados. Ninguna parte de esta publicación puede ser reproducida o transmitida en ninguna forma o por ningún medio, electrónico o mecánico, incluyendo fotocopiado, grabación o cualquier otro tipo de sistema de almacenamiento de información o recuperación de datos, sin el permiso escrito de los publicadores.

Impreso en Inglaterra por Marston Book Services

ÍNDICE

	Introducción	7
1	El anhelo de señales y prodigios	11
2	Examinando los milagros de hoy en día	16
3	¿Qué son las "mayores obras"?	22
4	Los dones de hoy en día no son los mismos	26
5	El propósito de los dones ha cambiado	34
6	La Palabra de Dios, ¿está completa?	39
7	Las lenguas nunca fueron para beneficio personal	47
8	¿Deberíamos buscar los dones personalmente?	53
9	Dejando de lado la mente y la Palabra	59
10	¿Está el Espíritu Santo en esto?	68
	Segunda parte – Respuestas a las preguntas	72
11	¿Y qué hay de la señales del capítulo 16 de Marcos?	74
12	El mandamiento de Pablo, ¿está todavía vigente?	77
13	¿Por qué los dones falsos habrían de empañar los verdaderos?	80
14	¿Por qué no volver a la vida de la Iglesia primitiva?	83
15	¿Sana Dios hoy en día?	87
16	Debemos exorcizar demonios, ¿no?	91
17	Si la predicación es inspirada, ¿por qué no la profecía?	94
18	¿Acaso no permanecen los dones hasta que Cristo venga?	97
19	¿Y qué hay de las lenguas en las devociones personales?	100
20	Conclusión: trampas de Satanás	103

Introducción

HAN PASADO DOS MIL AÑOS de testimonio cristiano desde que el Espíritu Santo descendió sobre la recién formada Iglesia de Jesucristo en el día de Pentecostés, y batallas trascendentales se han luchado entre el diablo y la Iglesia. Satanás ha lanzado persecuciones físicas brutales desde fuera de la Iglesia y, mediante la infiltración, ha luchado para derrumbar la doctrina evangélica desde dentro de la misma. Pero, a través del gran poder del Espíritu Santo, una verdadera Iglesia, compuesta por un sinnúmero de congregaciones vivas en todo el mundo, ha prevalecido y ha crecido.

La historia de la Iglesia está llena de un sinfín de triunfos de la gracia de Dios, los cuales fueron evidentes a través de poderosos despertares y períodos en los que la maravillosa luz de Dios ha irradiado de su Palabra, la cual es inmutable e infalible. Sin embargo, todos esos gloriosos acontecimientos del Espíritu han ocurrido, incluyendo todas las batallas de persecución, reforma y avivamiento, sin el "beneficio" del movimiento carismático.

El pentecostalismo empezó solo a finales del siglo XIX, y durante los primeros cincuenta años de su existencia nunca llegó a ser más que una pequeña parte del testimonio cristiano. El movimiento carismático moderno ni siquiera empezó a surgir del pentecostalismo sino hasta aproximadamente 1955. Actualmente, tal movimiento ha existido durante aproximadamente sesenta de los más de dos mil años que han pasado desde Pentecostés.

A pesar de todo, los maestros y autores carismáticos no se dejan intimidar y afirman haber redescubierto las doctrinas perdidas del Espíritu. ¡De una forma despectiva ellos desechan el testimonio de los siglos pasados como si fuera un testimonio que se llevó a cabo en penumbra, frialdad y con una falta absoluta de poder! Muchos dicen que no hubo adoración real hasta la venida del movimiento carismático: ¡dos milenios sin adoración real! Algunos aseveran que el pueblo de Cristo ha sido privado de sus derechos y bendiciones espirituales básicos durante todos estos siglos porque el malvado clero, a fin de mantener su poder y dominio elitistas, suprimieron la verdad acerca de los dones que todos debían haber ejercido y disfrutado. Con tales ideas, los carismáticos desprecian la era del Espíritu calificándola como una "Edad Media" alargada en la que prevalece un formalismo sin vida. Ellos afirman que se produjo una inquietante brecha en la vida espiritual del pueblo de Dios, la cual se extiende desde el fin del libro de *Hechos* hasta aproximadamente 1955, cuando la luz y el poder surgieron de nuevo con las lenguas y visiones de los pioneros carismáticos.

La idea es escalofriante; las implicaciones alarmantes. ¿De verdad es el movimiento carismático el redescubrimiento del cristianismo auténtico? ¿Realmente los grandes instrumentos de reformación y avivamiento en los siglos pasados no han sido capaces de identificar el verdadero cristianismo? ¿Se han predicado todos los sermones y escrito todos los himnos en las tinieblas de una edad de ignorancia espiritual, durante un período de dos mil años? ¿Acaso no ha tenido la vida y el poder vitales toda la adoración de esos años? ¿Acaso numerosas vidas de trabajo dedicado han sido sacrificadas en el altar de una fe parcial e inadecuada?

Se ha dicho que: o son *verdaderas* las doctrinas del movimiento carismático, en cuyo caso los últimos 1900 años han sido una época de trágica privación espiritual; o estas doctrinas son *falsas*, en cuyo caso representan un mensaje de arrogancia monumental que desacredita y menosprecia la fe y la experiencia de todos nuestros antepasados espirituales.

Sabemos que han habido algunos fenómenos extremadamente raros y aislados que corresponden a las experiencias carismáticas actuales; pero estos son tan pocos en número que estadísticamente son irrelevantes en la historia de la Iglesia de Cristo. Sin embargo, los autores carismáticos se aferran con afán a ellos deseosos de convencer a sus lectores que los "dones" del Espíritu siempre se han manifestado. Pero estos escritores saben muy bien que su uso de la historia es deshonesto y antiético. Construyen un edificio como el *Empire State* con dos o tres ladrillos pequeños, engañando desvergonzadamente a sus lectores al usar exageraciones y generalizaciones absurdas. Lo que sí es un hecho incontrovertible es que la historia de la Iglesia de Cristo, la era del Espíritu, se ha desarrollado en su mayoría sin el movimiento carismático.

Como ya hemos indicado, fue aproximadamente en 1955 cuando las doctrinas pentecostales empezaron a extenderse a otras denominaciones. Al principio, esto ocurrió muy lentamente, pero en abril de 1960 el párroco de una iglesia episcopal en California anunció a su congregación que había recibido el bautismo del Espíritu y había hablado en lenguas. Este suceso, que atrajo la atención de la televisión y la radio en los Estados Unidos de América y dio lugar a un *best seller*, se cita a menudo como el verdadero lanzamiento del movimiento carismático moderno.

Inicialmente, el movimiento se extendió rápidamente entre la gente que tenía poco asimiladas las doctrinas evangélicas, atrayendo también a muchos liberales y católicos. Es interesante que el primer grupo de asociaciones que fueron establecidas para el fomento de los dones carismáticos declararon que su objetivo era emplear los "dones del Espíritu" como un medio para agrupar a todos los cristianos en un frente cristiano unido. La abrumadora mayoría de los dirigentes carismáticos todavía esperan que llegue a existir una iglesia ecuménica mundial bajo el liderazgo del Papa. El movimiento carismático sin duda alguna se ha extendido ampliamente dentro de la Iglesia católica romana. Sin embargo, mientras un incontable número de sacerdotes emplean actualmente una jerga y métodos de adoración carismáticos, sus doctrinas católicas permanecen completamente igual. En los países en vías de desarrollo, el movimiento carismático ha experimentado un desarrollo extraordinario; pero la clase de iglesias que han surgido a menudo parecen más bien sectas y no iglesias cristianas.

Entre todo el extremismo y los excesos, se debe reconocer que el movimiento carismático incluye muchas personas que son discípulos genuinos y fervientes del Señor. Igualmente, hay algunas congregaciones carismáticas que no se han corrompido con la mundanalidad, la superficialidad, los trucos y las falsas afirmaciones que generalmente caracterizan a los carismáticos. No obstante, aun en estos grupos que son "mejores", las prácticas carismáticas constituyen una separación grande y seria de lo que enseña la Biblia que lastimará de manera grave a los verdaderos creyentes, predisponiéndolos para los peores excesos y exageraciones que están viniendo como una marea irresistible.

Nuestra actitud no puede ser vaga o indiferente ante las afirmaciones carismáticas, y se espera que los puntos planteados en este libro ayuden a muchas personas a examinar el movimiento a la luz de nuestra única fuente de guía en asuntos espirituales: la perfecta e infalible Palabra de Dios.

1
El anhelo de señales y prodigios

LOS "FENÓMENOS CARISMÁTICOS" que presenciamos hoy en día se pueden explicar debido al escepticismo general y la negación de la verdad en el mundo que nos rodea. Se niega a Dios, sus atributos y sus obras a causa del pensamiento racionalista, evolutivo, materialista y ateo, y en tal mundo las iglesias están bajo una presión inmensa para demostrar de alguna manera a una sociedad incrédula que Dios es un Dios vivo, que tiene poder y sabiduría y que realmente obró todos los poderosos milagros y señales que se describen en su Palabra.

Este es el marco de referencia, la atmósfera, que ha dado lugar al peligro imperioso al cual nos enfrentamos hoy en día, es decir, el deseo de obligar a Dios a darnos (o de "conjurar" nosotros mismos) demostraciones de poder que nos convencerán a nosotros mismos y a otros de que Dios es en realidad el Dios de las Sagradas Escrituras. Tenemos ejemplos en la Biblia de ocasiones en que el pueblo de Dios de la antigüedad sintió un deseo parecido de una vindicación pública de su Dios. El deseo fue legítimo y digno, pero Dios nunca respondió. Se presentaron oraciones, clamores desesperados, pidiendo señales milagrosas visibles, pero nunca ocurrieron.

Un ejemplo de eso se narra en *Isaías 64*. Isaías probablemente fue el mayor de los profetas inspirados a escribir Escrituras en la época del Antiguo Testamento, un hombre que luchó contra el escepticismo del rey Acaz, y contra toda adoración falsa y ocultismo (tal como se describe en *Isaías 8*). En su corazón, él anhelaba alguna vindicación visible, genuina y espectacular del Dios de Israel, el único Dios vivo y verdadero. Preste mucha atención a su oración: "¡Oh, si rompieses los cielos y descendieras, y a tu presencia se escurriesen los montes, como fuego abrasador de fundiciones, fuego que hace hervir las aguas, para que hicieras notorio tu nombre a tus enemigos, y las naciones temblasen a tu presencia!".

¿Fue esa una oración legítima? ¡Claro que sí! Quería que su Dios fuera vindicado ante una nación y un mundo apóstatas, escépticos, incrédulos y duros de corazón. Además, Isaías tenía un precedente para citar, porque setecientos años atrás Dios había hecho algo parecido. Así que Isaías rogó: "Cuando, haciendo cosas terribles cuales nunca esperábamos, descendiste, fluyeron los montes delante de ti" (*Isaías 64:1-3*).

En el Éxodo, y en el Sinaí, Dios había vindicado públicamente a su siervo Moisés ante los ojos de Israel, Egipto y todas las naciones del mundo. Había habido una combinación absolutamente espectacular de señales milagrosas a tal punto que cuando el Monte Sinaí fue sacudido por el poder de Dios y humeó como horno y una gran voz fue oída, la nación clamó de terror.

No obstante, la oración de Isaías pidiendo una nueva demostración del poder de Dios quedó sin respuesta, pues nunca vio ese tipo de demostración pública y espectacular, aparte de que retrocediera la sombra del sol por los grados del reloj de sol, por donde había descendido, durante el reino de Ezequías. El Señor sabe lo que hará, y también cuándo y cómo lo logrará. La vindicación visible de Dios nunca ocurre de acuerdo con nuestros deseos, sugerencias o estrategias humanas; sino que está completamente de acuerdo con la voluntad soberana de Dios.

En *Hechos 1:6* leemos cómo los discípulos presentaron al Señor esta pregunta urgente: "Señor, ¿restaurarás el reino a Israel en este tiempo?". La respuesta del Señor resuena hasta el momento presente: "No os toca a vosotros saber los tiempos o las sazones, que el Padre puso en su sola potestad". La tarea de los discípulos era simplemente obedecer las instrucciones inmediatas de la gran comisión, y dejarle el programa, el plan, la cronología, los tiempos exactos de la iniciación del reino y la vindicación pública a Dios mismo.

Hoy en día tenemos una situación que es muy similar al clamor desesperado de Isaías, de lo cual, más tarde, hizo eco Juan Bautista, en un sentir similar a: "¡Señor, por favor, haz algo *ahora*! Mira el estado de las iglesias; mira el declive, mira la humillación de tu pueblo hoy en contraste con las grandes evidencias de bendición en los siglos pasados. Haz algo para vindicar a tus siervos, Señor".

Toda secta importante y forma falsa de cristianismo ofrece milagros a sus seguidores a fin de vindicar su testimonio en un mundo incrédulo. El rápido crecimiento de las sectas se puede atribuir a esto: la garantía inherente de que la gente sentirá, experimentará y verá vindicaciones visibles, públicas y espectaculares de Dios. De esta manera, una presión grande y casi irresistible se ejerce sobre el pueblo de Dios hoy para desear alguna vindicación espectacular. Muchos miran la Biblia y dicen: "Pero ¿no está la Biblia llena de señales milagrosas? ¿Por qué la gente de aquella época pudo obrar milagros y experimentarlos y nosotros no?".

La Biblia, sin embargo, no está "llena" de señales milagrosas en el sentido de que sean continuas. Nunca debemos olvidar que un análisis cuidadoso de la Biblia demuestra que los milagros no ocurrieron cada dos semanas a cada dos personas. Fueron, de hecho, de los sucesos más raros en la historia del mundo. Cualquier estudiante de la Biblia que dedique tiempo a examinar la historia bíblica descubrirá que desde la época de la creación del mundo hasta el diluvio, casi mil setecientos años más tarde, solo hubo una señal milagrosa que se registrara, y fue la transposición de Enoc a la presencia del Señor sin morir. Por supuesto, al final de ese período hubo el proyecto de la construcción del arca, pero ni siquiera los que presenciaron esto lo consideraron una señal milagrosa.

Desde el diluvio hasta la época de los patriarcas, hubo solo una señal milagrosa: el juicio de la Torre de Babel. Y desde la época de los patriarcas hasta Moisés, las señales milagrosas fueron muy escasas.

Luego, durante cuatro cientos años de servidumbre en Egipto no hubo palabra del Cielo, ni ninguna señal milagrosa. De repente, vino el gran brote de señales milagrosas en la época de Moisés y Josué. A lo largo de toda la crisis del Éxodo y la conquista hubo muchas, las cuales se volvieron más irregulares en la época de los Jueces. Más tarde, las señales milagrosas llegaron a ser de nuevo muy escasas, y no hubo ninguna en tiempos de Salomón.

En el período de la monarquía dividida desde Salomón hasta Nehemías, las señales milagrosas fueron tan raras hasta ser casi inexistentes. Hubo, por supuesto, excepciones. Elías y Eliseo experimentaron señales milagrosas, y Jonás tomó parte en una gran señal mesiánica. Pero en el contexto de cinco siglos, los milagros fueron pocos. Algunos de los hombres más fieles a Dios en aquel período de la historia, tales como Esdras, Nehemías y Zorobabel, nunca experimentaron ni una señal milagrosa. Cuando el período del Antiguo Testamento como tal llegó a su fin, siguió un período de cuatrocientos años (hasta los tiempos de Juan el Bautista) que se conoce tradicionalmente como el período del silencio de Dios. Sucedían muchas cosas interesantes, pero no hubo ni una señal milagrosa, y tampoco ninguna voz del Cielo.

Aún más sorprendente es el hecho de que cuando llegamos a Juan el Bautista, aunque fue el mayor profeta que jamás vivió, la Escritura insiste que Juan nunca realizó ni una sola señal milagrosa en toda su vida (*Juan 10:41*). Si esto es una consideración sorprendente, ¿qué decir del mismo Señor Jesús? Fue el más grande entre aquellos que realizaron milagros, y el Hijo del Dios viviente, pero no hizo ningún milagro durante los primeros treinta años de su vida.

Algunos cristianos se escandalizaron y se ofendieron tanto por el enunciado de *Juan 2:11* que nos informa que el primer milagro que hizo Jesús fue el cambiar el agua en vino, que tontamente aceptaron evangelios apócrifos llenos de detalles ficticios de señales milagrosas que realizó Jesús cuando era niño y adolescente. Sintieron la necesidad de llenar el supuesto vacío y de aliviar el desconcierto intenso de tener al Hijo de Dios sin hacer milagros durante treinta años.

¿Por qué no hizo el Señor ningún milagro en todos esos años? Probablemente porque las señales milagrosas aumentan en valor cuanto más escasas son. Si hubieran ocurrido constantemente y en respuesta a cualquier petición o necesidad, pronto hubieran llegado a ser comunes y hubieran perdido su valor dinámico y revelador. Dios limitó sabiamente sus señales, de manera que la gente no pudiera predecir cuándo, cómo o dónde haría tales cosas.

De manera muy sabia, nuestro Dios también, y por razones obvias, eliminó toda competencia cercana a su amado Hijo. Aun su propio predecesor Juan el Bautista no realizó ninguna señal milagrosa para que se enfocara una atención especial en las afirmaciones del Señor Jesús ante la nación de Israel. El Antiguo Testamento había dicho una y otra vez que cuando el Mesías viniera, sabrían quién era por sus señales milagrosas.

2
Examinando los milagros de hoy en día

AL EXAMINAR EL NUEVO TESTAMENTO vemos la razón precisa por la cual nuestro Señor Jesucristo realizó sus señales milagrosas. *No* realizó señales espectaculares simplemente con el de fin de demostrar a Israel que había un Dios vivo en el Cielo que podía realizar milagros. Los israelitas ya sabían eso, porque tenían sus Escrituras desde hacía centenares de años y conocían el carácter y el poder de Dios. Esa no fue la razón.

Jesús tampoco realizó milagros simplemente para ayudar a la gente a sentirse mejor si estaban enfermos o para sanarlos completamente si estaban incapacitados. Nuestro Señor explicó que las señales fueron realizadas: "para que creáis que Jesús es el Cristo, el Hijo de Dios". En *Hechos 2:22*, los apóstoles confirmaron que se había probado que Jesús era el Mesías que Dios envió mediante las señales milagrosas que realizó.

El Señor Jesús destruyó por completo todas las acusaciones de que era un falso profeta mediante dos cosas: primero, habló conforme a las Escrituras, en armonía completa con la revelación anterior; y en segundo lugar, hizo profecías respecto a señales milagrosas que luego Él mismo cumplió.

Vemos el propósito detrás de los milagros de nuestro Señor en la sanación del paralítico que se describe en *Mateo 9:2-8*. La escena comienza con un hombre lisiado y sin esperanza a quien algunos de sus amigos llevan al Señor Jesús. El Señor, al ver su fe, dijo al paralítico: "Ten ánimo, hijo; tus pecados te son perdonados". Los enemigos del Señor inmediatamente vieron esto como una blasfemia absoluta. ¿Cómo podía un simple, finito y pecaminoso ser humano perdonar los pecados de otro ser humano? Por supuesto, si el Señor Jesús hubiera sido realmente finito y pecaminoso, su opinión habría sido correcta. Pero el Señor, conociendo sus pensamientos, dijo: "¿Por qué pensáis mal en vuestros corazones? Porque, ¿qué es más fácil, decir: Los pecados te son perdonados, o decir: Levántate y anda?".

Si el Señor Jesús *no* hubiera sido verdaderamente el Hijo de Dios, lo peor que hubiera podido hacer delante de un público hostil habría sido mirar a un lisiado sin esperanza y decir: "Levántate y anda". Pero eso es precisamente lo que hizo al decir: "Para que sepáis que el Hijo del Hombre tiene potestad en la tierra para perdonar pecado [...]: Levántate, toma tu cama, y vete a tu casa [...]. Y la gente, al verlo, se maravilló y glorificó a Dios [...]".

La señal milagrosa de la curación instantánea y perfecta del paralítico convenció a la multitud que era verdad lo que el Señor Jesús había dicho acerca de los pecados de ese hombre: él había sido perdonado; confirmó su poder para hacer lo que era mayor, es decir, ocuparse del pecado. Por lo tanto, la señal milagrosa *no* logró una demostración de que Dios existe, *ni* la ayuda de un pobre incapacitado, sino que principalmente señaló la autoridad única de Cristo en la tierra para perdonar el pecado.

Debemos comprender este principio básico: el mensaje que acompaña la señal milagrosa es de suma importancia. Si una señal milagrosa ocurriera sin un propósito divino o sin un mensaje que la acompañara, sería un desastre total.

En *Hechos 14* se describe que cuando Pablo y Bernabé fueron a la población de Listra, encontraron a un cojo fuera de la ciudad, y determinaron sanarle en el nombre de Jesucristo. Pero antes de tener oportunidad de explicar quiénes eran, y quién era su Dios, la ciudad entera se entusiasmó por el suceso y se apresuró (bajo la dirección de sacerdotes paganos) a ofrecer sacrificios a estos dos hombres. El pueblo les consideró dioses, dándoles los nombres de dioses míticos y paganos.

¿Se complacieron Pablo y Bernabé de que se les honrara de esa manera? No, más bien rasgaron sus vestidos y gritaron alarmados. Lo que falló fue que el milagro no se vinculó de manera inmediata y obvia con un mensaje, lo que dio lugar a un malentendido y al desastre. Esto es precisamente lo que ocurre hoy en día. Cientos de miles de personas que profesan ser cristianos desean señales milagrosas a fin de vindicar a Dios, y a sí mismos, ante un mundo incrédulo. Pero si no hay ninguna revelación sobrenatural junto con las señales, llegan a convertirse en un desastre. Un milagro en sí es peor que si no hubiera nada, a menos que Dios, mediante el milagro, indique quién es el *mensajero* y cuál es el verdadero *propósito*.

Muchos de entre el pueblo de Dios que tienen un profundo deseo de honrarle se inclinan a creer que de nuevo está hablando en un modo especial, y ciertas personas atraen mucha atención al "realizar" señales milagrosas para apoyar sus mensajes. ¿Qué prueba podemos usar para determinar si realmente están recibiendo nuevas iluminaciones directamente de Dios, es decir, recibiendo nuevas iluminaciones por otros medios que no sean el estudio cuidadoso y sistemático de las Escrituras, con la ayuda de la oración?

¿Cómo podemos saber si sus supuestas señales milagrosas son realmente de Dios, o si tienen algún otro origen? En la Escritura tenemos pautas muy sencillas y accesibles que son apropiadas para que todo el pueblo de Dios las use. Usando estas pautas podemos obedecer *1 Juan 4:1*: "Amados, no creáis a todo espíritu, sino probad los espíritus si son de Dios".

¿Cuáles son estas pautas? ¿Cómo podemos poner a prueba los milagros de sanación física en los cuales se especializa toda secta importante, incluso el catolicismo romano? ¿Cómo podemos determinar si las llamadas sanaciones están al mismo nivel que los milagros de sanación que encontramos en el Nuevo Testamento, y que son tan auténticas como estos? Aquí presentamos los tres "estándares" de las Escrituras, los cuales debemos usar para juzgar todas las supuestas señales milagrosas de hoy en día:

(1) Los milagros de sanación de nuestro Señor Jesucristo fueron extraordinariamente abundantes en número.

(2) El ministerio de sanación de nuestro Señor Jesucristo incluyó sanaciones *espectaculares*, que implicaron una restauración orgánica y física impresionante, lo cual fue enormemente visible y evidente a todos.

Ahora bien, hoy en día tenemos muchas afirmaciones de que gente ha sido sanada de molestias y dolores internos; pero en la mayoría de los casos es muy difícil que las personas "ordinarias" tengan certeza de si una sanación ha ocurrido o no. Nuestro Señor se especializó en la clase de milagro de sanación que era evidente y espectacular. Por ejemplo, en el Jardín de Getsemaní la única contribución que hizo el apóstol Pedro a la crisis del momento fue quitarle una oreja al siervo del sumo sacerdote. El Señor Jesús recogió la oreja cortada, la puso en su lugar y sanó la herida completamente. ¿Pueden los que "hacen milagros" hoy en día lograr la clase de sanación que el Señor hizo? Por supuesto que no.

El Señor Jesús pudo sanar a un hombre que había nacido ciego, y el hombre dijo: "Desde el principio no se ha oído decir que alguno abriese los ojos a uno que nació ciego". ¿Qué pasaría si alguien llevara el cadáver de un ser querido, que hubiera muerto recientemente, a un sanador carismático y le pidiera que hiciera lo que el Señor hizo por Lázaro? Podemos estar seguros de que ningún sanador tomaría tal caso, pues sabría que al intentar hacer lo que sabe que es completamente imposible pondría su reputación en peligro. La excusa que usan los "sanadores" hoy en día al no poder lograr poderosas sanaciones es que la gente no tiene fe; pero en el Nuevo Testamento la fe no necesariamente tenía algo que ver con estas sanaciones espectaculares. Aparentemente, nueve de los diez leprosos sin esperanza que el Señor Jesús sanó no tenían fe. Solo uno de ellos era creyente y volvió para darle gracias a su Señor. Parece bastante obvio que Lázaro no necesitó fe para ser resucitado de los muertos. De manera que podemos estar seguros de que la aseveración de que el "cliente" tenga poca fe es simplemente una excusa moderna, o un intento de encubrir el hecho de que estas señales milagrosas de la Escritura no están siendo repetidas hoy en día.

(3) La pauta más importante de todas es la siguiente: Cuando el Hijo de Dios realizó sanaciones milagrosas a fin de autenticar su afirmación de ser el Mesías de Israel, lo hizo de tal manera *que nadie podía negar que un milagro de Dios había tenido lugar.* Sus señales milagrosas eran innegables. Nicodemo vino a él una noche y lo expresó así: "Sabemos que has venido de Dios como maestro; porque nadie puede hacer estas señales que tú haces, si no está Dios con él" (*Juan 3:2*).

Algunos de los enemigos del Señor que reconocieron que los milagros eran genuinos y que la gente era realmente sanada y resucitada de los muertos, se vieron obligados a concluir que era Satanás quien hacía todas estas cosas. Pero todos fueron compelidos a reconocer que se habían efectuado poderosos e innegables milagros. La única discusión que quedaba era: ¿Qué poder sobrenatural era la causa, Dios o el diablo?

Leemos en *Juan 11:47* que los principales sacerdotes y los fariseos se reunieron en un concilio y reconocieron que no sabían cómo oponerse a Cristo porque indudablemente hacía muchos milagros. Después, en *Hechos 4:16* se hace eco de ello cuando otro concilio judío consideró el milagro que Pedro y Juan realizaron al sanar a un paralítico en el templo. Los dirigentes judíos dijeron entre sí: "¿Qué haremos con estos hombres? Porque de cierto, señal manifiesta ha sido hecha por ellos, notoria a todos los que moran en Jerusalén, y no lo podemos negar".

Siempre que Dios decide realizar señales milagrosas, estas son completamente *incontrovertibles*. En el monte Carmelo, Elías, en el nombre del verdadero Dios de Israel, obró un milagro que fue totalmente *incontrovertible*. Después que cayó el fuego del Cielo, nadie preguntó: "¿Realmente sucedió eso?". De manera semejante, en Egipto, las grandes plagas que condujeron al Éxodo obligaron a los magos a reconocer: "¡Dedo de Dios es éste!".

Partiendo de estas consideraciones, sugiero que tenemos una regla para medir infalible, por la cual podemos determinar si hoy en día realmente suceden señales milagrosas o no. Si alguien puede observar esos milagros y permanecer escéptico, entonces no se parecen en nada a las señales milagrosas de la Biblia y el que "hace" los "milagros" no puede venir de Dios. Esta única prueba derrumba todas las afirmaciones actuales que hacen los que realizan "milagros" y que dicen que sus señales milagrosas son válidas. Es imposible que Dios sea el autor de señales milagrosas que pueden ser negadas. Una diferencia contundente será evidente si comparamos las obras del Señor Jesús y los apóstoles que designó con los "milagros" que hoy en día realizan los carismáticos. Estamos ante dos niveles de realidad totalmente diferentes.

3
¿Qué son las "mayores obras"?

LA TENDENCIA MODERNA a exigir milagros de sanación y a afirmar que se han experimentado tales milagros demuestra que no se ha entendido en lo absoluto el pasaje bíblico clave en todo este asunto: *Juan 14:12*. En este pasaje encontramos la promesa que el Señor dio en el aposento alto la noche antes de que muriera. Una vez que Judas Iscariote hubo salido de en medio de ellos, dejando a los once verdaderos discípulos, el Señor Jesús dijo estas profundas palabras: "De cierto, de cierto os digo: El que en mí cree, las obras que yo hago, él las hará también".

Los once discípulos sí hicieron señales milagrosas como Jesús había hecho, incluso levantar personas de entre los muertos. Pero ahora escuche la segunda parte de la promesa, la cual se aplica de manera especial a nosotros: "y aun mayores hará, porque yo voy al Padre". ¡Reflexione respecto a cuán grandes eran las obras de nuestro Señor! Fueron innegables y espectaculares. Cambió el agua en vino: una demostración instantánea de un milagro de creación que creó un producto final bioquímico sumamente complejo que tenía la apariencia de una "historia" que no poseía. También multiplicó los panes y los peces, miles de ellos, los cuales aparentaban una "historia" que ninguno de ellos poseía.

Reflexione respecto a las espectaculares sanaciones de leprosos, lisiados y ciegos sin esperanza. Recuerde que cada una de estas señales milagrosas tuvo un defecto intencionado e inherente que Dios planeó. El agua que fue cambiada en vino solucionó una crisis en una boda, pero aparentemente fue la última vez que una cosa así se hizo. Ninguna otra boda en Galilea que tuviera un problema semejante recibiría jamás esa clase de ayuda. En otras palabras, Jesús no solucionó de manera permanente esa clase de problema en Galilea, y no tenía la intención de hacerlo.

Nuestro Señor alimentó a cinco mil hombres en una ocasión y a cuatro mil en otra. Sin embargo, al hacerlo, no tuvo ninguna intención de solucionar el problema de la alimentación en Galilea, y nunca planeó hacerlo. El Señor Jesús sanó a decenas de miles de personas; pero debemos recordar toda la verdad acerca de aquellas personas a las cuales sanó: cada uno de ellos murió de todas formas. En otras palabras, no solucionó de manera permanente el problema de su envejecimiento y deterioro físico, ya que nunca tuvo la intención de hacerlo. Podemos pensar en el pobre Lázaro, a quien el Señor Jesús verdaderamente resucitó de entre los muertos. Sin embargo, cuando volvió de los muertos sabía que tenía que morir otra vez. Fue restaurado a la vida con un cuerpo mortal y pecaminoso como el que tuvo al morir por primera vez, porque nuestro Señor Jesús no tenía la intención de solucionar de manera permanente su problema de muerte mediante aquella resurrección.

Al pensar en estas cosas, empezamos a ver lo que implicaban las palabras de nuestro Señor cuando dijo: "y aun mayores [obras] hará". Había claramente una obra por hacer que el Señor Jesús no vino a ejecutar en persona. Su obra era preparar el camino para una *obra mayor* mediante el derramamiento de su sangre preciosa y su resurrección de entre los muertos. Mediante su muerte propiciatoria y su resurrección hizo posible que nosotros, sus discípulos, hiciéramos la *mayor obra*, la cual es tomar la revelación de Dios, el verdadero Evangelio de Jesucristo, y proclamar aquel mensaje hasta los confines de la tierra.

Cada año, desde que la obra de Cristo fue consumada, miles de personas han oído el mensaje del Evangelio y mediante el Espíritu de Dios lo han creído. Entonces un milagro ha sido hecho en su corazón pecaminoso, entenebrecido y muerto espiritualmente. Han cobrado vida para siempre, un milagro que no tiene que ser repetido; un milagro que es una solución permanente a todos sus problemas. Cuando el Espíritu de Dios entró para tomar su morada eterna en su alma, estas personas se convirtieron en partes permanentes del cuerpo de Cristo, perdonados y salvados eternamente.

¿Podemos negar que esto es una obra mucho mayor que la de las señales milagrosas o sanaciones superficiales, físicas y temporales por grandes que indudablemente fueron en el terreno físico? Las sanaciones milagrosas fueron solo señales y Dios nunca las diseñó para ser una solución completa y suficiente a los problemas reales y profundos de la raza humana. Vemos que el programa de Dios para hoy en día tiene un doble propósito:

1)Mediante las *mayores obras* está tratando la catástrofe espiritual de la raza humana. Mediante la predicación de la Palabra de una manera fiel y en oración en las iglesias locales, Dios obra a través de ganadores de almas y cristianos que testifican. Esta gran misión es inmensamente más importante que cualquier afirmación que escuchemos acerca de una señal milagrosa. Tal señal milagrosa, en esta época, sería un paso hacia abajo y para atrás comparada con las mayores cosas que ahora suceden a través del pueblo de Dios.

2)El segundo propósito de Dios es prepararnos para la fase final de su obra redentora. En última instancia va a tratar con nuestros cuerpos también. Pablo nos recuerda el propósito de Dios para nuestros cuerpos cuando dice: "También nosotros mismos, que tenemos las primicias del Espíritu, […] gemimos dentro de nosotros mismos, esperando la adopción, la redención de nuestro cuerpo" (*Romanos 8:23*). En última instancia, Dios confirmará nuestra regeneración espiritual con un cuerpo físico glorificado cuando nos resucite de entre los muertos y nos haga perfectos; cuando le veamos tal como es. Entonces todas las lágrimas serán enjugadas de nuestros ojos, todo sufrimiento y dolor cesará, todo pecado será quitado, y estaremos en perfección ante Él por siempre jamás como sus siervos, sin tener ninguna de las limitaciones que ahora conocemos.

Dios nos está preparando para esto, pero no mediante sanaciones instantáneas y espectaculares para aliviar la tensión, el sufrimiento, la molestia y la incomodidad. Hoy en día, nos está preparando, mediante su gracia, para ser aquellos que atraen la atención a Cristo mismo, y no a nosotros mismos: a nuestras pretensiones, nuestras experiencias, nuestra sanación, nuestro esto y lo otro. Exhortémonos a *nosotros mismos* y a nuestros conocidos que son carismáticos a enfocar a la gente en Cristo en vez de en nosotros mismos. La última tragedia del movimiento carismático es el tremendo énfasis en "*yo*" y "*mi experiencia*", en vez de en Jesucristo; es decir: su Palabra, su gran comisión, sus promesas, su programa, su calendario, sus prioridades.

Las iglesias del presente no necesitan urgentemente una nueva fórmula para el exorcismo, ni tampoco un nuevo líder para la sanación por la fe; no se necesita ninguna nueva ola de hablar en lenguas, o ningún extraño ministerio de curación de mordeduras de serpiente o de envenenamientos. Las iglesias de Cristo locales necesitan más bien una dedicación renovada a la revelación escrita, infalible, inerrante, completa y suficiente de Dios (la Sagrada Escritura), predicada mediante el poder del Espíritu Santo y por amor a hombres y mujeres en su condición de perdición.

4
Los dones de hoy en día no son los mismos

SIEMPRE QUE ALGUIEN QUEDA perplejo o confuso en cuanto a los aparentes "dones" que están siendo manifestados en el movimiento carismático, es vital indicar que esos "dones" no se parecen en nada a los dones-señales que experimentaron los apóstoles y las iglesias en los tiempos del Nuevo Testamento. Muchos cristianos (y especialmente jóvenes creyentes) parecen aceptar sin cuestionar la afirmación de los maestros carismáticos de que el brote de lenguas que ha ocurrido en este siglo es una reproducción de lo que tuvo lugar en el siglo primero.

Pero los tipos de lenguas, sanaciones y milagros sobre los que oímos hoy en día son totalmente diferentes a los de hace dos mil años. En aquellos días el hablar en lenguas implicaba hablar en una lengua extranjera real que no había sido aprendida, mientras que hoy día supone hablar en una lengua extraña y nunca oída, que a menudo se describe como una lengua celestial o extática.

Como ya hemos visto, las sanaciones de hoy en día tampoco se pueden comparar con los maravillosos actos de sanación de los tiempos del Nuevo Testamento. Las sanaciones de aquellos días las vieron todos, y fueron instantáneas y orgánicas. Más aun, una vez que Dios había inspirado a un apóstol a sanar, ninguno de ellos jamás fracasó en el intento. Hoy día, en cambio, se afirma que ha habido sanación solo para una pequeña proporción de los que son "tratados" por los sanadores espirituales, y los tipos de condiciones que se dicen ser sanadas son de un tipo mucho más sencillo que las que fueron sanadas en los tiempos bíblicos.

Para defender el supuesto don de lenguas actual, los maestros carismáticos argumentan que los que hablaban en lenguas en la Iglesia primitiva hablaban tanto lenguas reales como "espirituales". En apoyo a su enseñanza generalmente hacen referencia a *1 Corintios 13:1* donde el apóstol Pablo utiliza la expresión: "Si yo hablase lenguas humanas y angélicas". Este versículo, dicen ellos, confirma que el hablar en lenguas puede involucrar expresiones celestiales o angélicas, pero un breve vistazo al pasaje demuestra que este es un error de interpretación evidente porque Pablo está utilizando la hipérbole o exageración para reforzar su argumento. Él dice: "Si yo hablase lenguas humanas y angélicas, y no tengo amor, vengo a ser como metal que resuena o como címbalo que retiñe". Aun si pudiéramos hacer lo imposible (por ejemplo hablar las lenguas de los ángeles), sin amor estaríamos espiritualmente vacíos.

Pablo utiliza el mismo método de razonamiento varias veces en estos versículo y dice, por ejemplo: "Y si [...] entendiese todos los misterios y toda ciencia, y si tuviese toda la fe, de tal manera que trasladase los montes, y no tengo amor, nada soy". Tendría que ser evidente para nosotros que ningún cristiano jamás sabrá absolutamente todo mientras esté en la tierra, ni podrá mover físicamente las montañas. Por lo tanto está claro que Pablo está usando una hipérbole para expresar su argumento con la mayor fuerza posible.

Pablo nos dibuja el cuadro de una persona que posee la clase de fe, conocimiento y lengua que solo es posible en el Cielo, y así demuestra que por elevados que sean nuestros logros espirituales, estos no tienen valor ninguno sin el amor. Sacar estas palabras de su contexto y usarlas para apoyar la idea de que los creyentes pueden hablar lenguas angélicas es una interpretación muy pobre.

Sabemos que las lenguas habladas en los *Hechos de los Apóstoles* eran lenguas extranjeras reales porque los extranjeros las podían entender (*Hechos 2:6*). Ocho años después, Pedro describe otro suceso de don de lenguas exactamente igual al del día de Pentecostés (*Hechos 11.15-17*). Sabemos también que el don de lenguas que Pablo discutió en *1 Corintios* fue el hablar en lenguas extranjeras reales porque Pablo así lo dice. Al enseñar, él explica que todo hablar en lenguas es el cumplimiento de una profecía de Isaías, la cual dice que un día los judíos serían enseñados por Dios utilizando labios extranjeros y lenguas extrañas. La profecía está en *Isaías 28:11-12*.

Tal profecía se cumplió parcialmente cuando los babilonios llevaron a los judíos en cautiverio. A través de "extraños" Dios castigó a su pueblo antiguo. Pero Pablo dice que el cumplimiento real fue la señal que Dios dio en la época del Nuevo Testamento. Las lenguas eran por tanto lenguas reales, es decir idiomas de los gentiles, dados como un don a ciertos cristianos, y fueron designadas por Dios para infundir temor reverencial en el corazón de los judíos no convencidos y cínicos, y para advertirles que Él estaba detrás de la nueva Iglesia.

Teniendo en cuenta que Lucas, el autor inspirado de *Hechos*, y Pablo eran compañeros cercanos, no es posible que hubieran usado exactamente el mismo término –*lenguas*– para describir dones totalmente diferentes, siendo uno la capacidad de hablar una lengua extranjera, y el otro la inspiración para emitir palabras misteriosas, extraordinarias, sin relación con un lenguaje normal. Ni Lucas ni Pablo jamás habrían perpetuado tal confusión, y tampoco lo habría hecho el Espíritu Santo de verdad, autor divino de las Escrituras.

De vez en cuando oímos hoy en día que alguien ha oído de un caso en el que una persona habló en una lengua que ha resultado ser la lengua de una nación o tribu remota y poco conocida. Sin embargo, tales casos nunca están corroborados por evidencias creíbles. Es bastante seguro que hoy en día ninguna reunión carismática en ningún sitio experimenta el maravilloso fenómeno de que creyentes hablen en lenguas extranjeras reales (e identificables) que nunca han aprendido, como los discípulos en los tiempos bíblicos. ¡Lo que hoy en día se acepta como lengua normalmente se induce a través de un poco de entrenamiento! Hay una técnica que se debe aprender con el fin de ponerse en marcha; pero la Biblia no dice nada al respecto de eso.

La mayor parte de la instrucción que los carismáticos dan es algo así como enseñarle a la gente a dejar de pensar y orar en su propia lengua. Incluso algunas veces se les aconseja visualizar al Salvador para ayudarles a que se abstengan de pensar en palabras de manera normal. Luego deben elevar su voz con la confianza de que Dios tomará los sonidos y los constituirá en una lengua divina. Entonces, si ayuda (o por lo menos así se enseña comúnmente), pueden repetirse ciertos sonidos elementales a sí mismos. Conforme empiezan a emitir sonidos sencillos repetitivos, una expresión misteriosa y extática será emitida.

En los tiempos del Nuevo Testamento, sin embargo, las lenguas eran idiomas reales que podían entender las personas que los hablaban (como veremos luego), y simultáneamente se daba un don de interpretación a otra persona para corroborar el asombroso suceso. Esta manifestación genuina del poder del Espíritu fue algo que nunca podía ser falsificado y que podía resistir el examen más escéptico.

Hasta el judío más "exclusivista" quedaba confuso, maravillado y atónito siempre que se manifestaba la señal (*Hechos 2:6-7*). Aunque no podía producir la fe salvadora, sí proveyó una evidencia abrumadora del poder de Dios sobre la Iglesia cristiana recién formada en aquel tiempo, y también advirtió que el período de los privilegios judíos había acabado. Tal señal tuvo un mensaje claro y distintivo. Dicho don de lenguas no se ve en ninguna parte estos días.

El best seller carismático *The Holy Spirit and You* (El Espíritu Santo y tú) de Dennis y Rita Bennett demuestra cuán lejos está del Nuevo Testamento el "supuesto" don de lenguas moderno. En este libro Dennis Bennett dice que mucha gente ha hablado en lenguas sin ni siquiera saberlo. Escribe que cuando explica a la gente acerca de hablar en lenguas, alguna persona a veces dice: "Ah, ¿quieres decir aquella lengüita graciosa que he hablado desde mi niñez?, ¿es eso? Eso me hace sentir feliz y cerca de Dios".

El Sr. Bennett habla de "una amable damita holandesa" la cual le dijo que había hablado en lenguas una vez y deseaba poder hacerlo de nuevo. Cuando Bennett le preguntó por qué no lo intentaba, contestó: "¡No me atrevería! Verá, tengo una lengüita de juego que hablo con mis niños cuando estamos jugando y divirtiéndonos, y tengo miedo de que si intento hablar en lenguas, aquella lengüita de juego será lo que hablaré". El Sr. Bennett sonrió y le explicó que aquella "lengua de juego" era su lengua. Era lo que el Espíritu Santo le había dado.

Estos escritores son parte de los muchos carismáticos prominentes que creen que el don de lenguas muchas veces pasa inadvertido. En otras palabras, la maravillosa señal de Dios de los tiempos del Nuevo Testamento se ha convertido hoy en día en una voz tan pequeñita que puede ser necesario que un consejero carismático tenga que decirle que usted tiene el don.

La absoluta falta de claridad del Sr. Bennett respecto a este tema se ve también cuando discute la cuestión: ¿Qué se supone que sintamos al hablar en lenguas? Él nos lo explica: "Al principio, puede ser que no sienta nada; recuerde que no es una experiencia emocional. Está intentando dejar a su espíritu en libertad para alabar a Dios conforme el Espíritu Santo le inspire. Puede tardar un poco de tiempo hasta que su espíritu pueda irrumpir en sus sentimientos, dándole una nueva conciencia de que Dios está dentro de usted. Por otro lado, puede experimentar una irrupción repentina y sentir como si fuera elevado hasta los mismos lugares celestiales. Dirá: '¡Alabado sea Dios!'. Es maravilloso hacer eso, llegar a estar repentinamente consciente de la plenitud de Cristo en usted y ser elevado por ello. Mucha gente solo siente una ligereza y una realidad en su espíritu al empezar a hablar".

Aunque Dennis Bennett dice que hablar en lenguas no es una experiencia emocional, la describe en términos puramente emocionales. No hay nada en ello (según su descripción) que edifique o afecte al entendimiento, o que transmita un mensaje para otros, de manera que su concepto del don de lenguas no tiene la más mínima semejanza a la experiencia de los creyentes del Nuevo Testamento. El Sr. Bennett da el ejemplo significativo y revelador de un joven pastor que "estaba decidido a recibir el Espíritu Santo". Este joven visitó el despacho del Sr. Bennett donde oraron tranquilamente para que recibiera la plenitud que buscaba. Pronto empezó a temblar muy violentamente y luego "a hablar hermosamente en una lengua nueva. Continuó durante quizás dos o tres minutos y luego paró". En ese momento se veía bastante decepcionado, dio las gracias al Sr. Bennett, y se fue.

Al día siguiente, telefoneó para decir: "Realmente le estoy muy agradecido por intentar ayudarme, pero ¿sabe?, no recibí nada". El Sr. Bennett explica que estaba a punto de decir: "Lástima; mejor suerte la próxima vez", pero sintió que eso no sería sensato. En vez de eso dijo: "Mire usted, amigo, le he visto temblar bajo el poder del Espíritu Santo y le he oído hablar hermosamente en una lengua que no conoce. Sé que el Señor Jesús es su Salvador, de modo que esto tuvo que ser el Espíritu Santo. No dude más y empiece a darle gracias al Señor por bautizarle en el Espíritu Santo". Al cabo de una hora, el joven pastor volvió a telefonear para decir que estaba "en la cumbre de la felicidad", y dijo: "Cuando usted me dijo que hiciera aquello, empecé a darle gracias al Señor por bautizarme en el Espíritu Santo y ¡vaya! el gozo del Señor me alcanzó y ahora estoy en la gloria".

¿Fue eso una experiencia genuina de lenguas como las que se produjeron en el Nuevo Testamento? Basados en los estándares del Nuevo Testamento solo podemos contestar que no lo fue. La lengua no fue un idioma extranjero auténtico, no hubo significado o mensaje, ni interpretación; y tampoco estuvo presente ninguna persona que necesitara el valor de la lengua como señal autentificadora. Por lo tanto, no existe ninguna razón para creer que esta expresión extática difiriera en alguna manera de aquellas que se encuentran en numerosas sectas no cristianas. Piense lo que piense el Sr. Bennett, fue una lengua emocional que habló un joven sincero que en aquel momento estaba erróneamente convencido de que esos eran los caminos de Dios, y que estaba muy ansioso de manifestar este extraño "don".

Los dones de hoy día, a diferencia de los del Nuevo Testamento, no tienen ninguna cualidad autentificadora. Al ser totalmente diferentes de los dones originales, carecen de poder para confirmar que Dios está con su pueblo de una forma única. Los apóstoles y sus ayudantes tenían dones que nadie más podía imitar o igualar, mientras que las lenguas y sanaciones llevadas a cabo por los evangélicos carismáticos hoy en día no difieren en nada de las que se manifiestan en las religiones y sectas no cristianas.

Un sinfín de religiones falsas pueden hacer exactamente las mismas cosas, pero muchos partidarios de los carismáticos no tienen idea de este hecho. El supuesto "don de lenguas" tal como lo conocemos hoy en día lo practican regularmente los budistas, hindúes, mormones, musulmanes, sintoístas, espiritistas y los devotos del vudú. Retrocediendo un poco en el tiempo, muchos cuáqueros, los seguidores de Eduardo Irving, los jansenistas y los shakers americanos hablaron con fluidez en lenguas no identificables tal como muchos evangélicos lo hacen hoy en día. En años recientes, muchos liberales que niegan la Biblia se han dedicado a hablar en lenguas, así como también lo han hecho muchos católicos; por no mencionar los grupos extremistas de "hippies" y de comunas.

Un estudioso, al escribir para un prestigioso instituto sociológico americano, encontró que el hablar en lenguas fue practicado por los esquimales de la Bahía de Hudson, así como por las sacerdotisas de las tribus de la selva de Borneo del norte. De manera que no hay nada en la clase de lenguas extáticas que se habla hoy en día que autentifique un don de una manera única. Un sinfín de sectas lo pueden hacer también. De manera similar, la clase de sanaciones que existe en círculos evangélicos hoy día no es más efectiva que los ministerios de sanación practicados por los que forman parte de la secta llamada Ciencia Cristiana y los de tantas otras organizaciones que no son evangélicas. No se trata de sanaciones de una clase infalible y que autentifican un don de manera única como las del Nuevo Testamento.

De hecho, diversas autoridades médicas nos dicen que ocasionalmente hablar en lenguas se manifiesta en relación con ciertos problemas de salud mental, tales como la disociación, la histeria, la epilepsia y la esquizofrenia. El hablar en lenguas también se ha producido bajo la influencia de la droga LSD. Evidentemente, ninguna droga podría falsificar un verdadero don espiritual. Alguien que escribió sobre este tema recalca que un informe de Jung describe a una médium espiritista que hablaba en lenguas "de una manera fluida, rápida y encantadora". Jung también comentó que ella: "Habló con una naturalidad asombrosa, y al acabar, pasó sobre su cara una expresión de bendición extática increíble".

Hace algunos años, los periódicos realizaron un reportaje sobre la sala común de un colegio en el norte de Inglaterra donde los alumnos del último curso de enseñanza secundaria se habían estado divirtiendo hipnotizándose unos a otros. Al ser amenazados por el director con la expulsión del colegio si se encontraba a alguien más por ahí en estado de trance hipnótico, pusieron su atención en otro fenómeno misterioso. Probaron hablar en lenguas. Ninguno de ellos era un creyente cristiano, pero hablaron en lenguas con mucho éxito, y se presentaron numerosas veces ante la prensa.

De manera que, entre sectas, diversos herejes, las religiones paganas de tribus remotas, ciertas enfermedades mentales, la sala común de la escuela de secundaria y los grupos carismáticos, no hay nada que el hablar en lenguas autentifique de forma única. Sin embargo, las lenguas de la época del Nuevo Testamento nunca podrían ser duplicadas por toda esta gente porque no eran lenguas *extáticas* sino *lenguas reales*. Cuando consideramos que los maestros carismáticos presentan el hablar en lenguas como evidencia de que una persona ha sido bautizada en el Espíritu, vemos que es una evidencia bastante pobre porque puede ser falsificada o duplicada por personas que están lejos de cualquier experiencia del Espíritu de Dios.

Por lo tanto, los dones de hoy en día son completamente diferentes de los que se encuentran en el Nuevo Testamento, y ya que no son únicos para los evangélicos, no pueden considerarse como una señal de Dios para autentificar una experiencia espiritual.

5
El propósito de los dones ha cambiado

YA QUE LOS DONES HAN cambiado, de manera que ya no son ni asombrosos ni únicos para las iglesias de Cristo, no es sorprendente que un pensamiento nuevo haya evolucionado para revestirlos de un nuevo propósito. Las razones que los libros carismáticos dan para la existencia de los dones son completamente diferentes a las que se dan en el Nuevo Testamento. Tales libros enseñan, por ejemplo, que el propósito del don de lenguas a veces es traer un mensaje a la asamblea de los creyentes, y a veces es para la adoración de Dios en privado. Dicen también que es una experiencia espiritual especial dada a los creyentes para fortalecer su fe y para que estén más cerca del Señor.

Muchos escritores carismáticos preguntan: "¿Por qué no se convierte la gente a gran escala?". Y contestan: "Porque no estamos haciendo señales y prodigios y, por lo tanto, la gente encuentra difícil creer. Con señales y prodigios se convencerían de manera instantánea". Todas estas ideas, por convincentes que puedan parecer, van en contra de la enseñanza del Nuevo Testamento.

Tratando primero el tema de las lenguas, *1 Corintios 14:21-22* nos dice que su propósito principal era el ser una señal para los judíos incrédulos de que Dios les estaba reprobando y manifestando su presencia a una nueva iglesia. Generalmente los dones eran también una señal de que un nuevo brote de revelación estaba ocurriendo, que el Mesías había venido y que el Espíritu Santo había descendido en la iglesia del Señor Jesucristo. Los dones de sanación tenían el propósito muy especial de dar una autentificación personal a los apóstoles como verdaderos mensajeros de Dios y autores de la Escritura inspirada. Cuando la gente hablaba en lenguas nunca había ninguna duda de que el Espíritu Santo inspiraba sus palabras. Este don combinaba el impacto de una señal milagrosa con un mensaje definido. Cuando algunos extranjeros estaban presentes, siempre se quedaban asombrados.

Habiéndose alejado de la enseñanza de la Escritura, y habiendo convertido el hablar en lenguas en una experiencia principalmente personal, los maestros carismáticos ahora tienen una gran confusión en cuanto a lo que realmente es el hablar en lenguas. Los principales escritores del movimiento se contradicen entre sí de una manera realmente asombrosa. Algunos dicen que en el hablar en lenguas Dios es quien se comunica de manera sobrenatural con el que habla en lenguas, aunque este no entienda por sí mismo lo que significa la lengua. Otros, sin embargo, mantienen que es una actividad mediante la cual el que habla en lenguas se comunica con Dios (una vez más, aunque no sepa lo que está diciendo). En una reunión pública la interpretación será la respuesta de Dios.

Aún otros maestros carismáticos se mantienen neutrales y dicen: "Puede ser que Dios le esté hablando a usted, o que sea usted el que le esté hablando a Dios". Un escritor prominente dice: "El hijo de Dios tiene el privilegio de hablar con Dios, y nadie entiende estas palabras secretas porque es el lenguaje de la divinidad. No es entendido ni por la persona, ni por el diablo".

Naturalmente si desconocemos el significado de nuestras palabras, es difícil saber quién habla con quién, y mucho menos sabremos lo que se dice. Cuando los principales escritores carismáticos del mundo tienen ideas completamente opuestas acerca de lo que es hablar en lenguas, ¿cómo puede nadie creer que tiene una garantía bíblica para lo que está enseñando? En la época del Nuevo Testamento no había duda en cuanto al significado de las lenguas extranjeras, ni de que todo hablar en lenguas significaba que Dios estaba hablando a la gente, y no al revés. En aquel entonces era una lengua real y verificable, dada de manera sobrenatural. Ahora es una lengua incomprensible y extraña. En aquel entonces traía un mensaje. Ahora es usada en privado sin que el que habla tenga ninguna idea de qué significa. En aquel entonces era una señal impresionante. Ahora es una forma de hablar incomprensible, extraña y perturbadora que molesta a los que están presentes y que no posee ningún valor sólido de una señal que sirva para autenticar el Evangelio.

¿Y qué ocurre con el argumento carismático de que las señales y prodigios deberían continuar hoy en día para impresionar a los incrédulos y llevarlos a tener fe en Cristo? Una respuesta breve es que las señales y prodigios de hoy día simplemente no tienen la capacidad de hacerlo, como ya hemos visto. No tienen comparación con las señales y sanaciones del Nuevo Testamento. Además, aun las señales originales nunca produjeron realmente fe salvadora en el corazón de los observadores. Ciertamente demostraron que el nuevo mensaje venía de Dios, y también ayudaron a atraer grandes multitudes; pero no tenían poder para fomentar la fe espiritual.

En realidad a veces las señales y prodigios impidieron la obra misionera porque estimularon una especie de fe supersticiosa en las multitudes (como se ve en *Hechos 14:11-12*). El propósito de las señales fue el de autentificar un mensaje nuevo, una iglesia nueva, y especialmente autentificar a los apóstoles designados por el Señor como sus verdaderos mensajeros.

Estas son algunas de las porciones de las Escrituras que demuestran que las maravillas de sanación eran exclusivas del grupo apostólico, y que estaban diseñadas como señales para autentificarles como verdaderos mensajeros de Dios:

"Y por la mano de los apóstoles se hacían muchas señales y prodigios en el pueblo" (*Hechos 5:12*).

"Con la palabra y con las obras, con potencia de señales y prodigios, en el poder del Espíritu de Dios; de manera que desde Jerusalén, y por los alrededores hasta Ilírico, todo lo he llenado del evangelio de Cristo" (Pablo, escribiendo en *Romanos 15:18-19*).

"Con todo, las señales de apóstol han sido hechas entre vosotros en toda paciencia, por señales, prodigios y milagros" (*2 Corintios 12:12*).

"¿Cómo escaparemos nosotros, si descuidamos una salvación tan grande? La cual, habiendo sido anunciada primeramente por el Señor, nos fue confirmada por los que oyeron [los apóstoles], testificando Dios juntamente con ellos, con señales y prodigios y diversos milagros y repartimientos del Espíritu Santo según su voluntad" (*Hebreos 2:3-4*).

Notamos que en este último pasaje la Palabra de Dios ya está poniendo las señales y prodigios en tiempo pasado. Esto solo puede significar que se estaba enseñando a la gente a comprender que las señales ya se estaban extinguiendo porque habían sido designadas solo para dar una autentificación inicial a los apóstoles y a la era del Nuevo Testamento. Aquí también en *Hebreos 2* el Nuevo Testamento está empezando a mirar hacia atrás y dice, a ciencia cierta: "No olvidéis las señales y prodigios que autentificaron e identificaron a los apóstoles. ¡Recordad cómo subrayaron el hecho de que hablaban de parte de Dios!".

El movimiento carismático ha cometido un grave error básico al presuponer que las señales y prodigios realizados por la mano de gente dotada estaban destinados a continuar a través de los siglos con el fin de crear y sostener la fe. La fe no puede ser alimentada por lo milagroso. De hecho sucede lo contrario, porque si los verdaderos creyentes aprenden a depender de los milagros, las señales y los prodigios, entonces su fe espiritual genuina pronto será debilitada y minada. Se volverán dependientes de estas manifestaciones, igual que mucha gente de nuestra sociedad moderna llega ser dependiente de drogas antidepresivas. Dios utiliza su Palabra, no señales y prodigios, para dar a luz la fe salvadora, y sostiene la fe mediante una involucración personal en la vida del creyente ferviente, sincero y que ora.

1 Corintios 1 es un pasaje que contradice la idea de que las señales puedan crear la fe o fortalecerla. Después de repetir que la enseñanza de la Cruz es el poder de Dios, el apóstol dice: "Porque los judíos piden señales, y los griegos buscan sabiduría; pero nosotros predicamos a

Cristo crucificado, para los judíos ciertamente tropezadero, y para los gentiles locura" (versículos 22-23). Dios no da a los judíos sus señales deseadas (porque estas no producirían fe salvadora), ni les da a los griegos la adulación intelectual que tanto desean (porque eso tampoco les movería a tener fe salvadora). En lugar de eso, se descubrirá que la presentación del Evangelio posee todo el poder de Dios.

El propósito original de los dones de señales fue el de ser el sello divino de autentificación sobre los primeros mensajeros del Calvario y su mensaje. Ahora que el mensaje ha sido dado hace mucho tiempo, el propósito original ya se ha cumplido y los dones de señales ya no tienen ningún papel que desempeñar. Con el fin de darles un papel, los maestros carismáticos han tenido que crear nuevos propósitos, ninguno de los cuales concuerda con los propósitos originales de Dios.

6
La Palabra de Dios, ¿está completa?

¿CUÁL ES EL ESTADO DE la Palabra de Dios? ¿Está completa o no? ¿Es realmente "la fe que de una vez para siempre fue entregada" (LBLA), o está todavía en el proceso de que nos sea revelada? El error más grave del movimiento carismático es que sus ideas acerca de la profecía y los milagros atacan el fundamento mismo de la Escritura como revelación completada. Muchos creyentes en la Palabra de Dios, que son sinceros, han sido arrastrados a las ideas carismáticas sin darse cuenta de que esta enseñanza mina la autoridad total de la Escritura.

De acuerdo con la postura carismática, la profecía continúa todavía. De acuerdo con la Biblia, toda la revelación fue completada en la época de los apóstoles, y no se debe esperar ninguna otra revelación directa de la verdad autoritativa. Aquí se presentan los pasajes del Evangelio de Juan en los cuales el Señor Jesús enfatizó que los discípulos serían guiados por el Espíritu Santo para revelar TODA la verdad, a fin de dar una revelación COMPLETA, perfecta y acabada.

"Mas el Consolador, el Espíritu Santo, a quien el Padre enviará en mi nombre, él os enseñará todas las cosas, y os recordará todo lo que yo os he dicho" (*Juan 14:26*).

"Pero cuando venga el Consolador, a quien yo os enviaré del Padre, el Espíritu de verdad, el cual procede del Padre, él dará testimonio acerca de mí. Y vosotros daréis testimonio también, porque habéis estado conmigo desde el principio" (*Juan 15:26-27*).

"Aún tengo muchas cosas que deciros, pero ahora no las podéis sobrellevar. Pero cuando venga el Espíritu de verdad, él os guiará a toda la verdad; porque no hablará por su propia cuenta, sino que hablará todo lo que oyere, y os hará saber las cosas que habrán de venir. El me glorificará; porque tomará de lo mío, y os lo hará saber" (*Juan 16:12-14*).

La Escritura está completa, y se nos confía el guardarla así en la carta de *Judas* donde dice: "he sentido la necesidad de escribiros exhortándoos a contender ardientemente por la fe que de una vez para siempre fue entregada a los santos" (*Judas 3*, LBLA). Tal como se nos enseña en los versículos finales del libro de *Apocalipsis*, no habrá ninguna revelación más. La visión y la profecía ya están selladas.

El autor carismático J. Rodman Williams escribe de una manera que es típica de tantos otros autores carismáticos al insistir que Dios todavía está hablando a través de lenguas y profecías. En su libro, *The Era of the Spirit* (La era del Espíritu), escribe: "En la profecía, Dios habla. ¡Es así de sencillo, profundo, y asombroso! Lo que ocurre en la reunión es que la palabra puede ser hablada repentinamente por cualquiera de los presentes, y de maneras diversas, de pronto se oye un 'Jehová el Señor dice así'. La mayoría de nosotros, claro, estábamos familiarizados con las declaraciones proféticas tal como se narran en la Biblia, y dispuestos a aceptarlas como la Palabra de Dios. Estábamos acostumbrados al "Jehová el Señor dice así" de Isaías o Jeremías, ¡pero oír a un Tomás o a una María hoy [...] hablar de la misma manera! Muchos de nosotros nos habíamos convencido de que la profecía acabó con el Nuevo Testamento [...] hasta que repentinamente por el impulso dinámico del Espíritu Santo, la profecía cobra vida de nuevo".

Los maestros carismáticos afirman que sus profecías, visiones y "palabras de sabiduría", aunque son mensajes directos de Dios, no minan la Escritura porque todas ellas se deben comprobar por medio de la Escritura. Pero la pura verdad es que incontables profecías y visiones "recibidas" por creyentes carismáticos no son comprobadas mediante la Biblia, y muchísimas revelaciones que son recibidas no pueden ser comprobadas de esta manera porque tratan de asuntos actuales de la iglesia o del círculo del creyente. ¿Cómo se puede comprobar un mensaje que simplemente acusa a alguien de falta de sinceridad o declara que alguien se recuperará de una enfermedad común y corriente?

Aun cuando las profecías modernas sean simplemente reiteraciones de verdades bíblicas, estas minan la Escritura porque Dios ha dicho que la Biblia es el único medio de revelación, y es completamente suficiente para todas nuestras necesidades. Dios ha dicho que ya no habrá más verdad revelada a través de voces ni mensajes directos en las ocasiones en que necesitamos aliento, guía o consuelo. No se nos proveerá de revelación extra de ninguna clase porque debemos utilizar las doctrinas, promesas y consuelos ya revelados en la Escritura para que nos guíen en cada situación.

No basta con que los maestros carismáticos digan que sus mensajes "extra" realmente no contradicen la Biblia. Sin duda la minan de otra manera: proveen una fuente alternativa de luz y ayuda y entrenan al pueblo de Dios a desviarse de la única fuente de verdad objetiva. El Señor nos ha hablado claramente a través de Pablo en *Romanos 15:4*: "Porque las cosas que se escribieron antes, para nuestra enseñanza se escribieron, a fin de que por la paciencia y la consolación de las Escrituras, tengamos esperanza".

El hecho es que los maestros carismáticos no comprenden que las escrituras (a) están completas, (b) son totalmente suficientes para todas nuestras necesidades, y (c) son lo suficientemente profundas como para responder a cualquier problema y situación posibles. Ya sea consciente o inconscientemente, se han unido a las filas de los herejes en su degradación de la Palabra de Dios. La Iglesia católica romana ha añadido a la Biblia al establecer sus propias tradiciones y a sus dirigentes eclesiásticos como autoritativos. Los teólogos liberales han colocado su propia razón y la ciencia del presente al mismo nivel que la Escritura. Los movimientos "pietistas" herejes han colocado su propia "luz interior" al mismo nivel que la Escritura; y eso es precisamente lo que están haciendo incontables dirigentes carismáticos a un grado cada vez mayor.

Las Escrituras están completas y, como lo expresa la *Confesión de Fe Bautista* de 1689: "Nada, en ningún momento, ha de añadirse, ni por nueva revelación del Espíritu ni por las tradiciones de los hombres". Tampoco debemos añadir a la Palabra ni suplementarla mediante profecías, lenguas, interpretaciones, visiones o experiencias.

La finalización del Nuevo Testamento fue parte de la "etapa de fundación o cimentación" de la Iglesia, y se dieron dones especiales de revelación (apóstoles y profetas) a la Iglesia para este período. Una vez que la Palabra de Dios se completó, la etapa de fundación o cimentación se acabó, y ya no se otorgaron más los dones de revelación.

Considere por un momento el cuadro bíblico de una etapa de fundación. Los apóstoles realizaron señales milagrosas con el fin de establecer que el Mesías había venido, y les había revelado su Palabra. De esta manera, en *Efesios 2:19-20* leemos: "Así que ya no sois extranjeros ni advenedizos, sino conciudadanos de los santos, y miembros de la familia de Dios, edificados sobre el fundamento de los apóstoles y profetas, siendo la principal piedra del ángulo Jesucristo mismo".

Observamos que la Iglesia está edificada, no en el fundamento de Jesucristo, sino en "el fundamento de los apóstoles y profetas". Por supuesto, Cristo es el verdadero fundamento de la Iglesia, "porque nadie puede poner otro fundamento que el que está puesto, el cual es Jesucristo"; pero otro fundamento –los apóstoles y profetas– es necesario por una razón muy buena. Recordemos que Jesucristo, quien murió como nuestro sustituto, y es el Autor de nuestra fe, no escribió ni una palabra de la Biblia. Y nunca habríamos sabido nada de lo que hizo en aquella cruz, ni habríamos sabido nada del sepulcro vacío, ni de la resurrección si no hubiera sido por la función ejercida de manera única por los apóstoles y profetas. Desde un punto de vista de las revelaciones, todo lo que sabemos al respecto de Dios y su amado Hijo y el verdadero Evangelio viene de forma única a través de los apóstoles y los profetas de tiempos bíblicos.

El Señor Jesucristo es la principal piedra del Ángulo, sin embargo los apóstoles y los profetas escribieron todo el Nuevo Testamento. Dos apóstoles y dos profetas escribieron los cuatro Evangelios; los dos apóstoles eran Mateo y Juan, y los dos profetas Marcos y Lucas. ¿Cuál es la diferencia entre estos dos tipos de persona inspirada? Los apóstoles fueron hombres a quienes Dios escogió para caminar con el Señor Jesús en su ministerio público durante tres años y medio y, en el caso de algunos de ellos, para tener revelación especial para escribir parte de las Escrituras. Los profetas fueron hombres que no necesariamente habían caminado con el Señor Jesús; pero que también recibieron mensajes de Dios y algunos recibieron revelación especial para escribir parte de las Escrituras.

Todo el Nuevo Testamento fue escrito por apóstoles y profetas. Hubo apóstoles tales como Pedro, Juan y Pablo, el apóstol especial, y profetas como Lucas (quien escribió *Hechos*) y *Santiago* y *Judas*, medio hermanos del Señor Jesús, y el autor de *Hebreos*. El Señor Jesucristo no escribió una palabra. Este grupo de apóstoles y profetas es un grupo escogido, limitado y especial, que constituyó el fundamento de revelación de la Iglesia en la Santa Escritura. No puede haber más de ellos porque ellos son el fundamento (o cimiento). Un edificio solo puede tener un fundamento, y este debe estar fijo y completo, y ser inamovible, estable, firme y sólido antes de que el edificio sea erigido. Por lo tanto, no puede haber más apóstoles y profetas a parte de los que la Escritura llama "el fundamento".

Pablo fue un apóstol especial que Dios preparó para proveer un puente entre los apóstoles israelitas que caminaron con el Señor Jesús y el mundo gentil. En *1 Corintios 15* Pablo dice que el Señor Jesucristo resucitado fue visto por todos los apóstoles: "y al último de todos, como a uno nacido fuera de tiempo, se me apareció también a mí" (LBLA). Pablo indica aquí que él fue el último apóstol; no hubo ninguno más.

Hoy en día, a muchos cristianos les desagrada el carácter completo y acabado de la revelación. La actitud hoy en día de la gente en el movimiento carismático y otros movimientos semejantes es algo así: "¡Esto es injusto! Quiero ser profeta. ¿Por qué enseñó Dios solo a través de ellos? Tengo una fe igual, por no decir mayor. Quiero ser vehículo de una revelación nueva; quiero ser un representante suyo, una voz, un portavoz de Dios. Quiero que salgan palabras divinas de mi boca".

La única respuesta bíblica a tal actitud es decir que: "Usted no puede tener ese privilegio. No ha sido escogido por Dios especialmente para ser parte del fundamento de su Iglesia. Hace ya mucho tiempo que el fundamento se terminó. Está ahora en la fase de superestructura de la historia de la Iglesia. Nunca podrá tener privilegios reveladores especiales. No tiene nada que ver con que Dios tenga el poder para hacerlo o usted la fe para recibirlo. Se trata del hecho de que Dios no ha planeado que su Iglesia debiera tener catorce, quince o veinte fundamentos diferentes, ni setenta y cinco o ciento cincuenta y seis apóstoles o profetas diferentes. Ya no hay más apóstoles y profetas".

¡Cómo deberíamos estar llenos de gozo y agradecidos por los privilegios que nos ha dado nuestro Dios! No debiéramos desear ni exigir privilegios ilegítimos. No deberíamos desear torcer ni falsear su verdad a fin de tener experiencias que Dios nunca tuvo la intención que tuviéramos en esta fase de la historia de su Iglesia.

Aun en el curso de la vida de los apóstoles –a medida que se acercaba el momento en que las Escrituras serían completadas– existen indicios de que su poder para realizar señales milagrosas estaba siendo retirado. Tome el ejemplo de Pablo. Parece que la última señal de sanación que experimentó fue cuando sacudió una serpiente mortífera y venenosa en la isla de Malta. El suceso asombró a los habitantes de aquella pequeña isla y enfocó la atención en la autoridad divina de Pablo como apóstol. Hasta donde podemos ver, sin embargo, esa fue su última experiencia de sanación, porque posteriormente escribió cartas que contienen aseveraciones como las siguientes:

Primero a Filipos, su iglesia predilecta: "Gracias por vuestra dádiva generosa a través de Epafrodito. ¡Cuánto le pesa saber que habéis oído de su enfermedad! Pero gracias a Dios, Dios ha tenido misericordia de nosotros y le ha levantado". Ahora bien, Epafrodito llevaba bastante tiempo con esta enfermedad, pero no existe ni un indicio de que Pablo le sanara. ¿Cómo podía haber durado tanto su enfermedad si Pablo aún hubiera tenido el poder de sanación sobrenatural e instantánea?

Y luego Pablo escribió en su última carta, *2 Timoteo*, estas palabras: "a Trófimo dejé en Mileto enfermo". ¿Por qué hizo eso? Si tenía el poder de sanarle, ¿por qué no lo hizo? La implicación es que no pudo sanarlo.

De hecho, Pablo dijo a Timoteo: "Ya no bebas agua, sino usa de un poco de vino por causa de tu estómago y de tus frecuentes enfermedades" (*1 Timoteo 5:23*).

¿Entendemos lo que implica esto? El fundamento de la Iglesia ahora estaba en las últimas etapas de finalización. Algunos han sugerido que al llegar el año 70 d.C., el cual Pablo no vivió para ver, el problema de tensión con Israel acabó con la destrucción del Templo, y así las señales milagrosas de la era apostólica se acabaron.

Haya sido ese o no el momento preciso de la retirada de las señales milagrosas, Pablo no tuvo que esperar hasta el año 70 d.C., puesto que experimentó, por así decirlo, el desmontaje de los andamios del fundamento de la Iglesia. A medida que la revelación escrita sobre la cual estaría edificada la Iglesia llegaba a su terminación, las señales disminuyeron. Es completamente probable que Juan, el último sobreviviente de los apóstoles, jamás experimentara en la última parte de su vida más señales milagrosas de sanación.

Ya que tenemos las expresas palabras del Salvador informando que toda la verdad sería confiada a los discípulos, y dado que Pablo describe los dones de revelación como fundamentales, nunca debemos añadir a la Palabra de Dios tal como está revelada, ni tampoco sustraer de ella. Dice *Proverbios 30:5-6*: "Probada es toda palabra de Dios; [...]. No añadas a sus palabras, no sea que Él te reprenda y seas hallado mentiroso" (LBLA).

Si añadimos algo a lo que Dios ha dicho, Él nos añadirá las plagas que ha escrito en el libro de Apocalipsis, tal como se nos advierte en los últimos versículos de la Biblia. Estas plagas son descritas en *Apocalipsis* del 6 al 19. Por lo tanto, debemos desear aplicarnos en conocer muy bien los límites de la Palabra revelada de Dios. Él no se interesa en nuestras adiciones, ni nuestros ajustes, ni nuestras revisiones de su revelación de la verdad.

Su Palabra es material infinitamente importante, precioso y valioso, y Dios nos dice, como dijo a Israel: "No os atreváis a añadir ni una palabra a lo que he dicho, porque si lo hacéis, estaréis bajo juicio". Eso es lo que debemos sopesar, al pensar en el lugar que tiene la "profecía" hoy día. ¿Qué estamos haciendo al fundamento de Dios: a la revelación apostólica y profética de Dios? ¿Cómo afecta la idea de que Dios está inspirando profetas hoy en día el carácter único y la importancia de lo que Dios ha dicho en su Palabra? Destruye tal carácter único, y mina la autoridad exclusiva y absoluta de la única y perfecta Palabra de Dios.

7
Las lenguas nunca fueron para beneficio personal

Hoy en día, la práctica de hablar en lenguas se fomenta en los círculos carismáticos principalmente para beneficio personal. Tal práctica se anhela como una señal personal, y por su valor espiritual, emocional y extático en las devociones personales. Pero eso es debido a que no se comprende la clara enseñanza del Nuevo Testamento de que todos los dones tenían el propósito de beneficiar a la Iglesia en su totalidad. Nunca fueron destinados para el beneficio subjetivo y personal del que hablaba en lenguas. *1 Corintios 12:7* nos lo clarifica. "Pero a cada uno se le da la manifestación del Espíritu para el bien común" (LBLA). (La traducción en la NVI, dice "para el bien de los demás", la RV1995 dice "para el bien de todos", y otras traducciones dicen "para provecho de todos").

El principio debería estar claro; cada don es dado para beneficiar de alguna manera a la Iglesia en su totalidad, no al individuo que posee el don; y además Pablo no tiene en mente una iglesia local sino la Iglesia en general. Los apóstoles, por ejemplo, no estuvieron presentes en la inmensa mayoría de iglesias locales, pero su enseñanza inspirada benefició a todas las iglesias.

Dado que el hablar en lenguas fue una señal para los judíos, validó la nueva Iglesia cristiana para los judíos y por lo tanto fue un beneficio enorme para toda la Iglesia. Además, por supuesto, el mensaje en sí que vino a través de quien hablaba en lenguas era una "profecía" que beneficiaba a la congregación que la oía. Tal mensaje era ciertamente una forma de profecía algo difícil, porque necesitaba traducción, y por esa razón era inferior a la profecía clara y directa. El carácter de señal que tenía la utilización de una lengua extranjera para dar profecías inevitablemente le restaba eficacia. No obstante, el mensaje que venía mediante ese idioma era una palabra real de Dios a los creyentes reunidos, y el que hablaba en lenguas era por lo tanto una especie de profeta. ¿Dónde, pues, encuentran los maestros carismáticos su autoridad para el uso "privado" de las lenguas en la oración o en las devociones personales? La respuesta, por asombrosa que parezca, es que toman su autoridad de versículos que son diseñados para mostrar que las lenguas no deben usarse de esta manera.

Uno de tales versículos es *1 Corintios 14:2*: "Porque el que habla en lenguas no habla a los hombres, sino a Dios". El hablar en lenguas sucedía cuando el Espíritu Santo movía a los hombres a hablar, tal como lo vemos a partir de todas las referencias en *Hechos*. Dios dio las palabras, y por lo tanto, las lenguas eran un mensaje de Dios a las personas, y no al revés.

La persona que habla en lenguas de *1 Corintios 14:2* claramente tiene un mensaje de Dios que él mismo entiende, porque Pablo después dice que se edifica a sí mismo. Parece ser que los que hablaban en lenguas en Corinto no se molestaban en traducir lo que decían al idioma cotidiano, y así el apóstol les demuestra cuán absurda era su omisión, argumentando que si Dios da los mensajes en primer lugar, y quien habla en lenguas (o el intérprete) no los interpreta para la iglesia, ¡entonces Dios termina siendo el único que los oye!

Tal situación es absurda porque hace que el propósito de hablar en lenguas sea justo lo opuesto a lo que Dios designó. Las lenguas, declara Pablo, no son para el beneficio de Dios, ni para el beneficio individual del que habla en lenguas, sino palabras de Dios que tienen la finalidad de ser oídas y entendidas en la reunión pública de la iglesia. Esta era la prueba definitiva para todo hablar en lenguas en aquellos días: ¿Traía un mensaje de Dios a la iglesia? El que hablaba en lenguas debía interpretar para que la iglesia fuera edificada (véase *1 Corintios 14:5*).

Los maestros carismáticos usan *1 Corintios 14:4* para apoyar la idea de hablar en lenguas en privado: "El que habla en lenguas, a sí mismo se edifica" (LBLA). Sin embargo, Pablo no está justificando un hablar en lenguas "egoísta", sino que está tratando el gran error de no traducir la lengua para el resto de la congregación. En todo su enunciado dice repetidamente que las lenguas deben proporcionar un mensaje para la asamblea. Pablo dice: "Quien habla un mensaje en una lengua extranjera sin proveer una interpretación se habla a sí mismo, se edifica solo a sí mismo, y así usa mal el mensaje que le ha sido dado". El hecho de que quienes hablaban en lenguas eran edificados (lo que significa que se desarrollaba su entendimiento) nos dice que definitivamente ellos mismos entendían el significado de lo que decían. Quizás para algunos de ellos el demostrar el don había llegado a ser más importante que su propósito.

Cuando el Nuevo Testamento declara que todo hablar en lenguas debe edificar, descalifica cualquier lengua sin interpretar que no conduzca al desarrollo del entendimiento. Esto significa que no es posible tener el don de lenguas simplemente como una experiencia emotivo-espiritual. Siempre que la palabra traducida como edificar se usa en el Nuevo Testamento griego, el contexto tiene que ver con aprender alguna verdad tangible, que disipa todo misterio, superstición o confusión. La edificación puede llevarse a cabo a través de palabras de instrucción, aliento o testimonio, o incluso por el poder del ejemplo, pero en cada caso los que se benefician reciben una lección definida y descriptible, de manera que su entendimiento es edificado. Más allá de toda controversia significa edificar el entendimiento. (Véase *Romanos 14:19; 15:2; 1 Corintios 8:1; 10:23; 14:3 y 12; 2 Corintios 10:8; 12:19; 13:10; Efesios 4:12-16; 1 Tesalonicenses 5:11; 1 Timoteo 1:4-5*).

Los maestros carismáticos piensan que en *1 Corintios 14:13-14* Pablo apoya la idea de que se puede hablar en una lengua sin entenderla: "Por lo cual, el que habla en lengua extraña, pida en oración poder interpretarla. Porque si yo oro en lengua desconocida, mi espíritu ora, pero mi entendimiento queda sin fruto". Para los creyentes carismáticos estas palabras enseñan que uno puede orar en lenguas (en el espíritu) aunque el entendimiento quede en blanco. Pero no puede ser así para el creyente, porque la mente siempre está involucrada en las actividades espirituales. Pablo dice de manera muy enfática: "¿Qué, pues? Oraré con el espíritu, pero oraré también con el entendimiento; cantaré con el espíritu, pero cantaré también con el entendimiento" (*1 Corintios 14:15*).

¿Y qué hay respecto al hecho de que un corintio que hablara en lenguas se encontrara en la situación en la que tuviera un mensaje en lenguas que no entendiera? Es probable que las palabras del apóstol traten el caso de una persona con el don de hablar en lenguas pero el mensaje no se llega a producir. Supongamos que tal persona ha recibido el don de hablar en una lengua extranjera muchas veces en el pasado. Un día, en el transcurso de la adoración pública, mientras está lleno de amor y alabanza a Dios, siente una fuerte inclinación a "dar palabras" en lenguaje dado por el Espíritu. Quizás las palabras en lengua extranjera toman forma en su mente; pero en esta ocasión las palabras no van acompañadas de ningún entendimiento de lo que significan. (Alguien que con frecuencia hablaba en lenguas sin duda recordaría muchas palabras o frases de su(s) lengua(s), y al estar lleno de un fuerte deseo de ser usado por Dios para traer un mensaje a la congregación, algunas de estas frases podrían haberse apiñado en su consciencia).

Si no se le da ningún entendimiento de lo que significan las palabras, quien habla en lenguas evidentemente no está bajo la inspiración del Espíritu, porque el hablar en lenguas, igual que orar y cantar, debe incluir el entendimiento. Aunque las palabras extranjeras se abran paso "a empujones" en su mente, luchando por "ser libres", no tienen forma ni significado porque el Señor no le está dando un mensaje para esta reunión en particular. En estas circunstancias no debe decir nada. El mandamiento del apóstol para una persona que hable en lenguas en este dilema es (parafraseando libremente) orar por una expresión que traiga un mensaje claro (*1 Corintios 14:13*).

Hay aún otro versículo en *1 Corintios 14* el cual usan los maestros carismáticos para demostrar, según ellos, que la gente puede hablar y orar en lenguas en privado: "Y si no hay intérprete, calle en la iglesia, y hable para sí mismo y para Dios" (versículo 28).

Como se dará cuenta cualquier lector atento, el apóstol no puede estar apoyando el uso privado del hablar en lenguas. No contradiría jamás sus aseveraciones anteriores de que el hablar en lenguas (a) es para el beneficio de toda la iglesia, (b) es inútil si las lenguas no son interpretadas, y (c) está diseñado para producir asombro en el corazón de los judíos que estaban presentes. ¡La interpretación carismática de este versículo obliga a Pablo a barrer con todo lo que ha dicho anteriormente acerca del hablar en lenguas!

En este versículo Pablo trata con otra posible situación que podría ocurrir en la adoración de la iglesia en Corinto al levantarse una persona que hablara en lenguas para dar su mensaje. Podemos suponer que esta persona se encuentra en una situación diferente a la del caso anterior en la que no se entendían las palabras que venían a la mente. Esta otra persona aparentemente las entiende, y cree que tiene un mensaje genuino que ha venido de Dios. Sin embargo, Pablo insiste que aun así debe consultar con sus compañeros que hablan en lenguas para ver si alguno de ellos puede entender e interpretar su lengua.

De esta manera Dios provee una prueba doble para toda ocasión en la que se hable en lenguas. Primero, quien hable debe entender por sí mismo su lengua y luego un intérprete debe confirmar que el mismo significado le ha sido dado a él también. Esta provisión elimina por completo la posibilidad de que una persona que habla en lenguas pueda equivocarse e imaginar un significado para su lengua; después de todo, aun un hombre piadoso se puede dejar llevar y equivocarse de esta manera. Este sistema de "interpretación doble" confirmaba a los judíos que estaban presentes que el don era un milagro innegable. Debemos recordar que el valor principal del hablar en lenguas era ser una señal para los judíos.

El asunto práctico de cómo colaboraban entre sí los que hablaban en lenguas probablemente se explica en *1 Corintios 14:28-30*, donde se nos da la impresión de que todos los profetas (que probablemente incluía a quienes hablaban en lenguas) se sentaban juntos. No habría habido muchos de ellos (si recordamos el número pequeño de profetas en Antioquia: *Hechos 13:1*) y habrían podido conversar entre ellos fácilmente antes de la reunión o durante la misma.

Si ningún intérprete es inspirado para corroborar una lengua, entonces quien habla en lenguas es mandado a hablar para sí mismo, y para Dios, ¡lo cual no significa que inmediatamente se dedique a hablar en lenguas de manera privada en la asamblea! Simplemente significa que debe guardar sus palabras para sí mismo y orar a Dios para que clarifique su mente y lo utilice en otra ocasión conforme a su agrado y voluntad soberana. En otras palabras, guarda silencio y se somete a la voluntad soberana de Dios. Quizás "escucha" su mensaje calladamente hasta el final para compartirlo con los maestros y profetas más tarde; pero no está autorizado a transmitirlo de manera audible sin que haya un intérprete inspirado. La suma de la enseñanza de Pablo aquí es que todas las lenguas genuinas son un mensaje para la congregación. Su significado será entendido por quien habla y confirmado por un intérprete.

Si estos requisitos no se pueden cumplir en algún momento, el que habla en lenguas debe callarse y orar a Dios por dirección. El uso privado de las lenguas es por lo tanto excluido por el apóstol, quien insiste que todos los dones espirituales deben edificar la iglesia y dar una señal auténticamente sobrenatural para el pueblo judío. No obstante, los maestros carismáticos usan estos versículos como licencia para hablar en lenguas de una manera privada y mística.

8
¿Deberíamos buscar los dones personalmente?

LOS MAESTROS CARISMÁTICOS usan la exhortación del apóstol Pablo que dice "procurad, pues, los dones mejores" (*1 Corintios 12:31*) para probar que todos los creyentes deberían buscar la manifestación de los dones carismáticos. Sin embargo, eso es una interpretación muy superficial del versículo. Al leer este versículo debemos hacer dos preguntas: ¿A quién está hablando el apóstol? Y ¿cuáles son los dones mejores? En respuesta a la primera pregunta, el apóstol no está hablando a los *individuos*, sino a *toda la iglesia de Corinto*.

La *iglesia local*, en conjunto, es la que debe procurar los dones mejores, pedirlos en oración y valorarlos. Que un individuo tenga la ambición de tener los dones es un error, pero que la iglesia los desee es correcto. Si Pablo quiere decir que los *individuos* deberían desear tener los dones mejores para sí mismos, entonces se nos manda a todos fomentar la ambición de ser apóstoles, lo cual claramente es un error.

¿Cuál es el mejor don? ¿Hablar en lenguas? ¿La sanación? La respuesta está en *1 Corintios 12:28*; el mejor don es el *apostolado*, y el menor don es el de las *lenguas*. En otras palabras, Pablo nos dice (como congregaciones) que no deseemos ni codiciemos el don de las lenguas, sino que deseemos el apostolado. Pero ¿cómo puede la iglesia procurar el don del apostolado? La respuesta está en la palabra griega *zelóo* que es traducida como "procurad" (desead ardientemente en la LBLA). Esta palabra significa ser entusiasta o ferviente por algo. (La palabra castellana *celo* viene del griego *zélos*). Lo que Pablo quiere decir es que debemos estar sin reservas a favor de los apóstoles; debemos apoyarlos encarecidamente.

El anhelar el don del apostolado significa que la iglesia pondrá atención y valorará de forma entusiasta y ferviente la enseñanza de los apóstoles existentes. No significa que la iglesia deba desear *más* apóstoles. También se les manda a las iglesias apreciar y desear los demás ministerios de enseñanza que Dios da, orando por pastores y maestros y apreciando la exposición fiel de la Palabra.

¿De dónde viene, entonces, la enseñanza de que todos deberíamos codiciar y desear el hablar en lenguas? Viene de una simple malinterpretación de las palabras del apóstol Pablo.

En *1 Corintios 14:39*, el apóstol dice a los corintios: "procurad profetizar", lo que también significa que deben apreciar de forma entusiasta, ferviente y agradecida el ministerio de los profetas (que fueron dados por Dios hasta que la Escritura se completó). No está diciendo a los miembros de la iglesia como individuos que tengan la ambición de profetizar, sino que exhorta a la iglesia en conjunto a desear y a valorar a los profetas. La postura carismática respecto a este versículo es que cada creyente debería anhelar profetizar; pero esa idea es contraria a la enseñanza bíblica de que los dones espirituales son dados únicamente conforme a la voluntad soberana de Dios (*1 Corintios 12:7-11*). El apóstol nos dice con mucha firmeza que son repartidos de manera relativamente moderada (*1 Corintios 12:29-30*) y no basándose en la ambición espiritual.

El mandato de procurar los dones mejores, por lo tanto, es para iglesias, no para individuos. E incluso si fuera un mandato a individuos, no justificaría que un creyente tuviera la ambición de hablar en una lengua, porque el apóstol lo cataloga como el *don menor*, no el mayor.

Aunque el hablar en lenguas tuvo un poderoso "valor de verificación" en su día, Pablo lo colocó mucho más bajo que la profecía directa, e incluso en un lugar inferior al ministerio normal de enseñanza. Lo colocó al final de su lista de dones espirituales en *1 Corintios 12:28*, y ni siquiera lo mencionó en otras listas de dones tales como las de *Romanos 12* y *Efesios 4*. Y aún así, hoy en día, miles anhelan este don menor.

Casi todos los maestros carismáticos insisten en que después de la conversión los cristianos deben buscar el bautismo del Espíritu Santo como una experiencia aparte, y en que cuando reciben tal bautismo este será caracterizado por un hablar en lenguas. Por lo tanto muchos creyentes que anhelan tener una evidencia de que han recibido el Espíritu desean encarecidamente las lenguas. De esta manera, las lenguas ya no son una señal para los judíos, o un mensaje para la congregación, sino una señal de una experiencia espiritual personal.

Mientras que es una cosa loable desear más vida espiritual, la idea de que un cristiano que ha nacido de nuevo necesite un bautismo del Espíritu diferente proviene de dos errores básicos en la comprensión de la Palabra de Dios. El primer error es confundir dos experiencias del Espíritu Santo que son completamente diferentes: el *bautismo* del Espíritu y la *llenura* del Espíritu. Conforme a *1 Corintios 12:13* todos los cristianos verdaderos (sin excepción) son bautizados por el Espíritu en la conversión cuando el Espíritu Santo los trae a la familia de los redimidos. Sin embargo, los creyentes pueden y deben ser *llenos* con el Espíritu repetidamente, como vemos de un estudio de las "llenuras" en *Hechos*. En *Efesios 5:18* se nos manda buscar constantemente el *ser llenos* del Espíritu.

El *llenarse* del Espíritu es un otorgamiento de poder a los creyentes que puede repetirse infinitas veces, aunque la Escritura no indica en ninguna parte que existan ningunos "sentimientos" asociados con ello. Es una bendición práctica que se nos da cuando necesitamos valor, fluidez y claridad en nuestra testificación, dedicación al servicio y ayuda para vencer nuestros pecados. La norma de la Escritura es –un bautismo, muchas llenuras– y las referencias a las repetidas llenuras en *Hechos* y *Efesios* demuestran que generalmente no fueron acompañadas del hablar en lenguas.

Al final de este capítulo enumeramos muchos pasajes que demuestran que el bautismo del Espíritu ocurre en la conversión, lo que prueba que el punto principal del pensamiento carismático está por lo tanto totalmente equivocado.

El segundo error que conduce a la idea de que los creyentes deben buscar un bautismo del Espíritu (caracterizado por el don de lenguas) proviene de un grave malentendido de lo que ocurrió en el día de Pentecostés. Se piensa que todos los creyentes deben tener su "Pentecostés" personal después de su conversión. Pero en el día de Pentecostés el Espíritu Santo de Dios bajó sobre la Iglesia del Nuevo Testamento en un suceso "irrepetible" (como la encarnación o la expiación), el cual señaló el final de una iglesia judía en la cual una minoría de israelitas realmente convertidos se veían obligados a adorar en "la iglesia del estado" que estaba poblada y gobernada por personas no regeneradas.

En Pentecostés Dios lo cambió todo (tal como había prometido hacerlo mucho tiempo atrás), e inauguró así la Iglesia del Nuevo Testamento con un brote nuevo de revelación, acompañado de señales y prodigios. La nueva Iglesia era *separada*, *espiritual*, e *internacional*, y estaba compuesta de almas regeneradas, y bajo el gobierno directo del Espíritu de Dios. Una vez que el Espíritu de Dios descendió para formar y regir la Iglesia del Nuevo Testamento, nunca se retiró. Pentecostés fue un bautismo único e irrepetible del Espíritu sobre la Iglesia.

En el día de Pentecostés, todos los discípulos fueron "bautizados" por el Espíritu en un cuerpo: la verdadera Iglesia de Cristo; pero desde entonces, cada persona que se convierte es "bautizada" por el Espíritu en la verdadera Iglesia de Cristo en el momento de la conversión, como nos dice Pablo en *1 Corintios 12:13*: "Porque por un solo Espíritu fuimos todos bautizados en un cuerpo, sean judíos o griegos, sean esclavos o libres; y a todos se nos dio a beber de un mismo Espíritu". Por lo tanto, en el momento en que una persona se convierte es bautizada en la Iglesia invisible, y puede estar segura de que el Espíritu está dentro de ella. El buscar ansiosa y emocionalmente el bautismo del Espíritu es por lo tanto erróneo, porque ya está dentro del verdadero creyente.

Como dice Pablo: "[…] Si alguno no tiene el Espíritu de Cristo, no es de él" (*Romanos 8:9*).

En los círculos carismáticos el primer propósito de cualquier don del Espíritu es dar señales, prodigios y placer extático personal. De hecho, esas cosas han tomado una importancia mayor que el *fruto* del Espíritu en la vida del creyente. Los dones de señales que autentificaron a los portadores de la nueva Escritura e introdujeron la era de la Iglesia han cesado, y es el fruto del Espíritu el que sigue siendo producido en las vidas del pueblo de Cristo.

Contrario a lo que afirman los maestros carismáticos, la llenura del Espíritu no es dada para el placer personal y extático, ni tampoco se da como señal, sino para propósitos prácticos. Ya hemos señalado que las *llenuras* que se describen en *Hechos* dieron a los discípulos valor, fluidez, amor y dedicación real a la obra de Dios. En *Efesios 5* se nos exhorta a ser llenos del Espíritu para justicia y santidad. Una de las maneras en que damos fruto es que crecemos en carácter cristiano, aunque pasemos por valles de miseria, persecución, angustia y aflicción. Sin embargo, los maestros carismáticos abogan que las señales, prodigios y experiencias extáticas son el medio por el cual podemos flotar sobre tales valles.

La Biblia enseña que a menudo el Señor ocultará su sonrisa y permitirá que nos sobrevengan pruebas por diversas razones. A veces puede que necesitemos ser castigados por el pecado o la desobediencia, y a veces pasar por pruebas o enfermedades con el fin de que aprendamos la fealdad de este mundo vano, y para que aprendamos a apreciar al Señor y sus caminos maravillosos. Muchas veces seremos conducidos a través de experiencias duras para "destetarnos" de gustos mundanos, o para entrenar alguna cualidad especial en nosotros, tal como la paciencia o la sensibilidad.

El Señor tiene mucho que hacer en nuestras vidas; pero si dependemos de las "muletas" artificiales de supuestas señales y prodigios, creyendo que las pruebas y las enfermedades no forman parte de la voluntad de Dios para con nosotros, entonces nunca se manifestarán en nosotros los frutos reales de paciencia y santidad. El uso carismático de las experiencias extáticas aísla a los creyentes de la realidad; pero una enseñanza bíblica verdadera capacita a los creyentes a ver todas sus pruebas y circunstancias de manera espiritual, y a depender de Dios en todas ellas. El propósito de Dios para su pueblo no es que manifiesten de manera permanente los ministerios de señales, sino que sean perfeccionados en santidad, hasta llegar a ser un pueblo justo, íntegro y limpio, andando en paciencia y confianza genuinas.

Entre los textos de la Escritura que prueban que el creyente es bautizado del Espíritu Santo en el momento de la conversión se encuentran:

Juan 7:37-39; Hechos 2:38; Romanos 5:1-5; Romanos 8:9 y 15; 1 Corintios 6:11 y 19-20; 1 Corintios 12:13; Gálatas 3:2 y 5; Gálatas 4:4-6; Efesios 1:13-14; Efesios 4:30; 1 Tesalonicenses 1:5-6; 1 Juan 4:12-13.

9
Dejando de lado la mente y la Palabra

¿QUÉ DAÑO PUEDEN HACER las prácticas carismáticas a los creyentes evangélicos que las adoptan? Entre los perjuicios que padecerán está el que sus facultades espirituales serán minadas, especialmente la inestimable facultad de discernimiento y *entendimiento* espiritual. Ya hemos visto que todos los dones espirituales deben *edificar*, una palabra que el Nuevo Testamento griego siempre usa para indicar el desarrollo de nuestro entendimiento. Todos los dones *deben instruir la mente*. Cada palabra en la Biblia es dirigida a la conciencia, los afectos y la voluntad del creyente *a través de la mente*, y tan importante es lo fundamental de nuestra facultad de razonamiento que Pablo dice a Timoteo en *2 Timoteo 1:7* que Dios nos ha dado el "espíritu […] de dominio propio" ("dominio propio" puede traducirse como "mente sana").

Siempre debemos responder a Dios de acuerdo con el principio que el Salvador dio para la adoración: "en espíritu y en verdad" (*Juan 4:24*). Toda oración y adoración tiene que ser entendida por nuestra mente racional y dirigida a Dios como un acto voluntario y consciente. La mente nunca debe ser dejada de lado. Pablo dice (*1 Corintios 14:15*) que debemos orar con el espíritu y "también con el entendimiento". Debemos cantar con el espíritu y "también con el entendimiento".

La idea carismática de lenguas, profecías y visiones es contraria a todo esto, pues es evidente que se deja de lado el entendimiento y se sacrifica el control consciente de las palabras y pensamientos. Por ejemplo, el entendimiento inteligente del significado de una lengua practicada en privado es innecesario. De acuerdo con la enseñanza carismática, las evidencias más altas de la comunión que un creyente tiene con Dios son las experiencias extáticas, las cuales pueden dejar de lado la mente por completo, y solo se sienten a un nivel emocional.

Aunque los maestros carismáticos insistan en que el hablar en lenguas y la adoración extática no son meramente experiencias emocionales, no hay duda de que ocurren cosas que el creyente no entiende, y que no edifican en absoluto su conocimiento de la Palabra de Dios. Por lo tanto, al ser examinada por la Escritura, la mayor parte de la adoración carismática no está de acuerdo con la voluntad de Dios con respecto a la auténtica adoración o la edificación espiritual, porque toda adoración y predicación verdadera debe ser *en espíritu y en verdad*. Debe ser *en espíritu* en vez de puramente conmover las emociones, y *en verdad* porque es conducida estrictamente de acuerdo con el patrón revelado de Dios. Toda predicación debe ser inteligible y comprensible, y debe tocar el corazón a través de la mente.

El subidón emocional o sentimiento de euforia de muchos adoradores carismáticos no es espiritual sino carnal, porque afecta las emociones sin instruir la mente. En *Efesios 5:18* Pablo dice: "No os embriaguéis con vino, en lo cual hay disolución, antes bien sed llenos del Espíritu Santo". Estar *llenos del Espíritu* es exactamente lo contrario a embriagarse. Cuando se está ebrio, la gente está fuera de sí porque la razón y el entendimiento se atontan; pero cuando se está lleno del Espíritu la mente se aviva más que nunca y la verdad de Dios se comprende y se siente de manera maravillosa. El entendimiento se engrandece y se libera. Al meditar solos, o al hacer alguna tarea que no necesite ninguna concentración especial, los cristianos pueden regocijarse y adorar, cantando y alabando al Señor con salmos, himnos y cánticos espirituales (*Efesios 5:19*) porque la llenura del Espíritu nos lleva, no a éxtasis y lenguas ininteligibles, sino a pensar y reflexionar respecto a las cosas de Dios de manera racional.

En *Gálatas 5:22* el apóstol explica cuál es el *fruto* del Espíritu. ¿Se deja de lado la mente o el entendimiento aquí? De ninguna manera, porque todas y cada una de las virtudes y prácticas cristianas necesitan la participación de la mente, además del corazón. Una de las virtudes de la lista es *la templanza* o dominio propio. Un creyente nunca debe estar fuera de control; nunca en un éxtasis como provocado por el alcohol, por así decirlo. Tampoco puede un creyente caer en ninguna especie de estado de trance que se asemeja a lo que ocurre en las sectas. Una persona del mundo puede que desee entorpecer las facultades mentales, escapar de la realidad y dar rienda suelta a su "lado animal"; sin embargo, el cristiano, mediante la ayuda de Dios, debe crecer en entendimiento y dominio propio.

El evangélico que se hace carismático rebaja la mente a un lugar inferior, y gradualmente se vuelve una persona emocional y subjetiva. Ahora evalúa las cosas de una manera completamente subjetiva, en lugar de una manera objetiva y bíblica. Para esta persona, la Escritura pierde su autoridad total y se convierte solo en una mezcolanza de textos sacados fuera de su contexto y usados para apoyar las ideas carismáticas. El creyente carismático se aparta (aunque a menudo sin darse cuenta) de la obediencia a la Palabra de Dios, a medida que deposita una confianza cada vez mayor en anécdotas que describen experiencias emotivas y extrañas y señales y prodigios aparentes.

Otro ejemplo de la renuncia a tener un control mental adecuado en los círculos carismáticos es el uso creciente de técnicas hipnóticas. La común situación de tener gente "ministrada por el Espíritu" (donde la gente cae como si estuviera muerta) y el hacer que las personas entren en trance son otros ejemplos de ello. Esta clase de práctica era antes la especialidad del hipnotista de teatro. El hipnotista era presentado al público como si poseyera notables poderes de hipnosis. Aunque casi no era necesario decir nada porque los espectadores ya estaban familiarizados con los carteles que afuera anunciaban el espectáculo. En un ambiente de expectativa y "credulidad", el hipnotista explicaba al público –en detalle– los fenómenos que estaba a punto de presenciar. El público no se daba cuenta, pero ya había sucumbido al poder de la sugestión hipnótica al creer que esas cosas realmente iban a suceder. Aun los más cínicos caían presos de cierto grado de anticipación y una tensión cada vez mayor; en otras palabras, ¡su incredulidad también estaba matizada de cierta expectación!

Pronto el hipnotista pedía voluntarios que subieran a la plataforma, y después de una impresionante exhibición de tonterías engañosas teatrales e hipnotizadoras, "mandaba" a la gente a exhibir los efectos que antes había predicho se producirían. Algunos caían al tocarlos, otros eran incapaces de moverse, otros cuantos sentían que un brazo estaba anestesiado, etcétera.

El escritor de este capítulo recuerda haber visto tal representación teatral hace muchos años. El hipnotista colocó a una docena de voluntarios en fila, sentados en sillas en el escenario, y les dijo que uno tras otro sentirían que la silla estaba demasiado caliente para permanecer sentados, y que se verían obligados a levantarse y, una vez de pie, serían incapaces de moverse. Dos o tres personas luego sentirían que el escenario estaba caliente. Su capacidad de moverse volvería, pero tendrían que estar saltando al no poder soportar el calor del escenario. En su momento estas cosas extraordinarias ocurrieron. Uno tras otro de los voluntarios saltaron de sus sillas con miradas de asombro, exclamando que sus sillas estaban al rojo vivo. En años recientes, esta clase de actuación ha sido bien recibida en la televisión americana y británica; pero en épocas pasadas del teatro de "variedades" tales efectos extraños eran comúnmente logrados por artistas que habían dominado el "arte" de la sugestión hipnótica. Por lo tanto, este escritor de ninguna manera se impresiona al oír de los episodios de risa y llanto histéricos, y las caídas al suelo y temblores que se producen en las convenciones carismáticas donde el ambiente está cargado de tensión.

El sanador carismático John Wimber narra su encuentro con diez estudiantes alemanes de teología que cuestionaban aspectos de su enseñanza. Wimber les invitó a que, solo por experimentar, intentaran invitar al Espíritu Santo a ministrarles sanación y renovación. Explica que sonrieron y dijeron: "Claro, ¿por qué no?". Para sorpresa de los estudiantes ellos experimentaron cosas extraordinarias que Wimber atribuye al poder de Dios. Preguntó a un joven, que era bastante alto, y estaba erguido: "¿Sientes algo?". Y él contestó: "No, nada". A lo cual John Wimber replicó: "Qué extraño, porque creo que el Espíritu Santo está sobre ti. ¿Por qué no te sientas?". Y el joven contestó: "No puedo sentarme. No me puedo mover. No siento nada, y no me puedo mover".

¿Fue producido ese efecto por el Espíritu Santo? La respuesta es que no hay nada parecido a eso en el Nuevo Testamento. Dios definitivamente no ha dicho que obrará de esa manera. ¡Sin embargo, el teatro secular tiene una larga tradición de hipnotistas de entretenimiento quienes producen efectos idénticos! No obstante, en la adoración y el servicio al Señor la mente nunca se deja de lado. El Espíritu Santo no obra mediante trances hipnóticos y fenómenos extraños e innecesarios cuando da convicción de pecados a un alma necesitada, o cuando capacita a un creyente para el servicio a Dios.

En las reuniones de sanación carismáticas, fuerzas diferentes a la llana verdad de la Escritura se emplean para producir los efectos deseados. De principio a fin se emplea una secuencia de técnicas hipnóticas de sugestión, aunque a menudo la gente que dirige esas reuniones no se da cuenta de que está utilizando la sugestión. Ellos simplemente están copiando un procedimiento que han visto que otros llevan a cabo. Se desarrolla un ambiente de sugestión, se incrementa la susceptibilidad emocional y se le dice a la gente qué fenómenos se producirán exactamente.

Conforme la sesión de sanación llega a su apogeo, se "invoca", por un medio u otro, al Espíritu Santo a que "descienda". Algunas veces se pide a la gente que cierre los ojos y declare su sanación. Cualquiera que sea el método escogido, llega el momento en que se ordena a la enfermedad a que deje a la persona en el nombre de Jesús. Muchas personas experimentarán efectos definidos, pero usualmente tales efectos resultan ser de corta duración. Además, esas técnicas no pueden sanar condiciones profundas y orgánicas, por más que los sanadores lo afirmen.

Las técnicas de sugestión que se usan para "sanar" a las personas o para "demostrar" la presencia del Espíritu Santo no tienen ninguna base en una autoridad bíblica. En ese tipo de cosas los carismáticos han vuelto a los caminos de la brujería y las religiones ocultas. En cambio, el Espíritu Santo obra iluminando la *mente* de hombres y mujeres, convenciéndoles de la enseñanza bíblica. Recibimos una verdadera bendición espiritual solo si ejercemos fe en sus promesas y métodos. El Espíritu Santo *nunca* deja de lado la mente del creyente y, por lo tanto, cualquier técnica o práctica ingeniada por los seres humanos (como la hipnosis), o que sea sub-racional (como el hablar en lenguas moderno) es definitivamente de la carne y no del Espíritu.

La mente, que es la facultad racional y pensante, siempre debe estar alerta y vigilante para que permanezcamos en el sendero de la verdad. Sin embargo, no hay ninguna duda de que la enseñanza carismática resulta en una rebaja considerable del umbral de credulidad de todos sus adeptos. Incluso el tipo de persona más lista y equilibrada es inevitablemente afectada por la "programación" carismática, pues se desarrolla una tendencia a creer cosas increíbles y se disminuye drásticamente el discernimiento espiritual. La práctica del hablar en lenguas, la relegación del entendimiento a un lugar menor, el "régimen" (o dieta) de milagros y la extrema subjetividad del pensamiento carismático se combinan para producir tal efecto de manera rápida e inevitable.

Una vez que la gente ha sido condicionada mentalmente por un ambiente carismático, esta es capaz de tomar en serio ideas inauditas tal como la afirmación de Oral Roberts de haber visto una visión del Señor Jesús de casi trescientos metros de alto. Las prácticas carismáticas afectan la mente de una manera tan insalubre que la gente puede creer casi cualquier cosa.

Una vez más hacemos referencia a Dennis Bennett, quien escribe sobre los milagros que (según él) están disponibles para los cristianos de hoy en día, si tan solo aceptan la enseñanza carismática. El Sr. Bennett cita a David du Plessis, quizás el mejor conocido "fundador" del movimiento carismático moderno, quien habla de un "milagro" en su ministerio anterior, en el cual él y algunos otros estaban reunidos en el hogar de un amigo, orando por un hombre que estaba en cama gravemente enfermo a una distancia de aproximadamente dos kilómetros. "Mientras orábamos –dice du Plessis– el Señor me dijo: 'Se te necesita al lado de esta cama en seguida' ". Inmediatamente corrió hacia fuera de la casa por la puerta delantera, y justo entonces, ocurrió el "milagro". Explica: "Mientras daba un paso fuera de la puerta, mi próximo paso cayó frente a la puerta de la casa a casi dos kilómetros de donde estaba nuestro amigo enfermo. Me asombró muchísimo. Supe que fui transportado aquella distancia de manera instantánea porque al cabo de unos quince minutos, el resto de los hombres con quienes había estado orando llegaron jadeando y me preguntaron: '¿Cómo has llegado aquí tan rápido?'".

Los libros carismáticos simplemente rebosan de esa clase de relato. Unos párrafos más abajo, Dennis Bennett relata cómo el poder y la gloria de Dios una vez levantaron a un evangelista varios metros por encima del suelo a plena vista de la congregación. El Señor Jesús advirtió que en los últimos días falsos Cristos y falsos profetas se levantarían mostrando grandes señales y maravillas (*Mateo 24:24*). En *2 Tesalonicenses 2:1-12* el apóstol Pablo dice como (justo antes de la vuelta del Señor) el "inicuo" será manifestado "cuyo advenimiento es por obra de Satanás con gran poder y señales y prodigios mentirosos".

¿Estamos sugiriendo que el movimiento carismático forma parte de este engaño final? Bien puede que sea la etapa preparatoria, porque uno de sus efectos terribles es que destruye el discernimiento espiritual de los creyentes, haciéndoles vulnerables a los poderes, señales y maravillas mentirosas del diablo en la apostasía final. Mientras tanto, el movimiento carismático hace que el pueblo de Dios se desvíe del verdadero sendero de la adoración, evangelismo y crecimiento cristiano.

Si los creyentes creen las afirmaciones no corroboradas de los dirigentes carismáticos de hoy en día, ¡al final creerán cualquier cosa! Si creen los ridículos y extravagantes cuentos de "entretenedores" extrovertidos y espiritualmente engañados, ¿cómo resistirán los falsos milagros desatados por el diablo durante la apostasía final? ¿Acaso serán engañados los elegidos?

Otro abuso carismático de la mente viene a través de las supuestas visiones y otros mensajes directos de parte de Dios, que hoy en día se afirman con regularidad. Los adeptos carismáticos dan mucho valor a tales mensajes, y afirman que son las "palabras de ciencia" y las "palabras de sabiduría" a las que se refiere Pablo. Obtienen guía sobre la voluntad de Dios a partir de sueños e "impresiones internas", e incluso afirman tener conocimiento clarividente de asuntos de otras personas y sucesos futuros. Se les debe advertir a los creyentes sinceros en contra de toda esa percepción extrasensorial porque las Escrituras la descalifican como fuente de instrucción y guía espirituales para el presente y, por lo tanto, es sumamente engañosa y peligrosa. En lugar de utilizar la mente para recibir y entender la Palabra de Dios, ¡la imaginación se convierte en una fuente confiable de revelación directa!

Solo tenemos que considerar cuán fácil le es al diablo utilizar tales visiones o impresiones para añadir cosas a la Palabra de Dios, deformarla o reemplazarla, y nos daremos cuenta por qué tales cosas son la raíz de casi todos los errores de las sectas. Al pueblo de Dios se le advierte en contra de los falsos visionarios en el Antiguo Testamento, y se establecen normas rigurosas para distinguir entre lo verdadero y lo falso.

El Antiguo Testamento enseña que el Mesías vendría a sufrir y morir por el pecado humano, y entonces toda profecía y visión sería sellada o cerrada (véase *Daniel 9:24* y las escrituras que se citan en el capítulo 6 *La Palabra de Dios, ¿está completa?*). El Señor Jesucristo advirtió que hacia el final de los tiempos los creyentes leales estarían seguros en la verdad siempre y cuando dependieran de la Palabra revelada de Dios, porque habría una gran proliferación de visiones y milagros falsos.

¿Qué clase de personas afirman tener visiones hoy en día? Lamentablemente, muchos creyentes sinceros lo hacen; pero se les debe mostrar con cuidado y compasión que se han desviado de la senda de la Palabra de Dios y han caído en la trampa de tomarse a sí mismos y a sus "impresiones mentales" naturales demasiado en serio.

Algunas de estas personas que afirman tener visiones son solo personas emocionalmente muy nerviosas que tienen una necesidad subconsciente de sorprender a la gente para que les escuchen. Otros son motivados por orgullo espiritual y también por el deseo de dar la impresión de estar en un nivel más alto que otros creyentes. A estas personas les encanta explicar sus "visiones" en tono misterioso y santurrón, y hacer pronunciamientos dramáticos que causan que personas con una mente débil admiren o envidien su posición profética.

Algunas personas muy malvadas utilizan las visiones para revestir sus chismes maliciosos con el estatus de "una palabra del Señor".

Sin embargo, las peores personas que afirman tener visiones son aquellas que se han vendido a Satanás, y cuyas visiones son sin duda el resultado de influencia satánica. Estas son personas que traen a otros bajo su dominio y esclavitud. Este tipo malvado de personas incluye a personas como el conocido asesino de Jonestown, fundadores de sectas, entretenedores carismáticos extremos, y los papas de Roma que afirmen haber tenido visiones. El Señor Jesús ha definido a su pueblo como aquellos que escuchan solamente su voz y no van tras la voz de desconocidos. Cualquier afirmación de visiones, ahora que la Escritura está completa, debe verse como desobediencia a la Escritura, y debemos tratar de salvar de ese peligroso engaño a aquellos creyentes sinceros que han sucumbido a las ideas carismáticas.

10
¿Está el Espíritu Santo en esto?

LA CARACTERÍSTICA MÁS desconcertante del movimiento carismático moderno es su sorprendente capacidad para relacionarse con claras herejías y con manifestaciones de extrema "mundanería". Gran número de carismáticos no parecen preocuparse en lo más mínimo por la capitulación que sus "compatriotas" intentan conseguir por todo el mundo. Cuando se trata de contender por la fe en contra del romanismo, el modernismo, el ecumenismo, las ideas ocultistas o la "feria de las vanidades" de este mundo, el movimiento carismático se encuentra en su punto más débil y deficiente.

El objetivo principal de algunas de las más grandes organizaciones carismáticas es abiertamente ecuménico. Algunos pioneros del movimiento, como el doctor David du Plessis y otros, han dicho abierta y frecuentemente que recibirían muy bien la formación de una iglesia mundial unida bajo el liderazgo del Papa. Su esperanza es que un día todos los protestantes y católicos sean convencidos respecto a las actividades carismáticas, con el resultado de que reconozcan su unidad esencial y de que las cuestiones que los dividen aminoren y desaparezcan. Es un hecho trágico que los dirigentes carismáticos mundiales parecen no tener ningún deseo de defender las doctrinas evangélicas básicas de la fe, y tampoco ninguna disposición para mantenerse separados de la apostasía doctrinal.

A la luz de esto, ¿cómo es posible que este movimiento posea –tal como lo afirma– más poder y unción del Espíritu Santo que los cristianos tradicionales, no carismáticos? ¡Con toda certeza el Espíritu Santo es el Espíritu de verdad! Donde esté presente el Espíritu Santo desde luego habrá mucho amor y lealtad hacia la Palabra de Dios junto con un deseo real de salvaguardarla y defenderla. Y aun así, el movimiento carismático es indudablemente indiferente a la defensa de la Biblia y de su camino exclusivo de salvación.

Muchos dirigentes carismáticos han ignorado abiertamente que el único camino a Cristo es la conversión evangélica al aseverar que católicos y liberales son cristianos realmente convertidos que pueden recibir los dones del Espíritu *sin cambiar sus creencias*. Y esto es independientemente del hecho de que tales personas siguen negando la justificación solo por la fe, y otras doctrinas que son esenciales para que exista una conversión auténtica. Los carismáticos católicos creen firmemente que la salvación es administrada por la Iglesia católica a través de los sacramentos. La salvación depende del bautismo, la misa, la confesión, etcétera. Los autores católicos carismáticos prominentes dicen claramente que buscan fortalecer el compromiso de los católicos fieles a sus sacramentos, a María (como intercesora), al Papa y a la Iglesia católica.

Hay millones de carismáticos católicos (el doctor David du Plessis dice que son cincuenta millones, y aun permitiendo que exista cierta exageración debe de haber un vasto número de ellos). De hecho, los carismáticos católicos representan el 50% del número total de los carismáticos que se afirma hay en el mundo. El Papa ha aprobado el movimiento carismático católico porque ninguno de los católicos involucrados en eso ha cambiado sus creencias católicas. En 1977 un vasto congreso carismático, precedido por una persona católica, tuvo lugar en Kansas City. Tal evento incluyó 45 000 participantes de los cuales una gran proporción eran católicos. En 1987 un congreso de continuación tuvo lugar en Nueva Orleáns, al cual asistieron la mayoría de los principales nombres del mundo carismático, incluso numerosos sacerdotes católicos. El 50% de los que se registraron para asistir a dicho congreso eran católicos; cada día del congreso se celebró una misa, y sentimientos totalmente ecuménicos fueron aplaudidos y aceptados por todos durante el evento.

Ya hemos señalado que la vasta mayoría del los que fomentan la cultura extrema del "pop-evangélico" son carismáticos ardientes, además de "partidarios" de grupos extremistas y fanáticos dentro de la cristiandad tales como los llamados "*Clowns for Christ*" (payasos en el nombre de Cristo). Sin duda alguna, las manifestaciones más "mundanas" del evangelicalismo en Gran Bretaña y los Estados Unidos invariablemente resultan tener puntos de vista carismáticos, al igual que los peores farsantes millonarios que hacen sus fortunas en los programas religiosos del la televisión americana.

Leemos de locutores carismáticos internacionalmente conocidos que utilizan fondos donados para construir enormes hogares de lujo a un coste increíble. Vemos sus programas televisivos terriblemente impíos, programas de un carácter tan carnal que uno no puede creer que haya alguna verdad ni conciencia espiritual en los que los producen.

Se ha revelado que un sanador carismático internacionalmente conocido usaba regularmente tapetes especiales en el escenario que le permitían demostrar su poder especial a los candidatos para sanación. Sin que lo supieran los enfermos que subían al escenario para ser saludados por este sanador, los tapetes conducían corrientes eléctricas por su cuerpo para que cada persona sintiera una fuerte sensación de hormigueo al tocar las manos del sanador.

Es un hecho significativo que la mayoría de los falsos movimientos evangélicos de carácter evidentemente engañoso y ocultista de hoy en día son altamente carismáticos y capaces de manifestar todos los llamados dones del Espíritu. Los más equilibrados y serios del lado sobrio del movimiento carismático son incapaces de proporcionar una explicación satisfactoria de cómo los dones que creen son dados por el Espíritu Santo pueden ser tan fácilmente manifestados por los que resultan ser ladrones religiosos y timadores.

Desde un punto de vista global, ningún movimiento cristiano ha mostrado más indiferencia a la *verdad* y a los estándares piadosos que este. ¿Está realmente el Espíritu Santo en todas las lenguas, las visiones y las sanaciones? ¿Está el Espíritu Santo vindicando y aprobando las farsas escandalosamente antibíblicas de tantos grupos dentro del mundo carismático? Seguro que no, porque el Espíritu Santo no acostumbra obrar aliado del error: borrar la diferencia entre los que son "salvos" y los que "no son salvos"; fomentar el ecumenismo o bendecir estilos de vida mundanos. Él es el Espíritu de *santidad* y de *verdad*. Evangélicos sinceros que han adoptado una postura carismática deberían preocuparse por la actitud flagrantemente antibíblica de la abrumadora mayoría de maestros carismáticos.

Segunda parte
Respuestas a las preguntas

MUCHOS CREYENTES QUE no son carismáticos toman la postura de que los dones carismáticos pueden, a pesar de todo, ser bendiciones verdaderas enviadas por Dios a aquellos que las disfrutan. Sienten que no deben criticar a quienes tienen creencias carismáticas, sino valorarles por su contribución distintiva a la vida de la Iglesia. Esta actitud neutral parece hermosamente razonable y desde luego apela a la predisposición irénica (pacifista y conciliadora) de la mayoría de cristianos. Sin embargo, en realidad solo es una salida fácil de un problema serio, porque o el punto de vista carismático es bíblicamente correcto, y entonces tenemos el deber de obedecer al Señor y aceptar la postura carismática, o más bien es un gran error y deberíamos estar haciendo algo para persuadir a nuestros conocidos carismáticos a mirar las cosas de manera diferente.

Además de esto, el asunto es de una urgencia cada vez mayor porque el movimiento carismático en la actualidad es muy militante. Una gran parte del mismo está dedicado a mantener una política de infiltración de las congregaciones evangélicas ortodoxas con el fin de atraerlas al redil carismático, aunque ello implique derribar el ministerio y liderazgo existentes y hacer pedazos la iglesia.

Muchas iglesias que han optado por una actitud hospitalaria e irénica al enfrentarse a la "invasión" carismática se han encontrado sumergidas en una angustia profunda y una confusión inédita. Además, carismáticos (y carismáticos extremos) han usurpado o penetrado muchas instituciones evangélicas antiguas como sociedades cristianas en las universidades, institutos bíblicos, publicaciones periódicas, editoriales, congresos, misiones etcétera. A donde vayan, los evangélicos se enfrentan con la influencia carismática.

El resultado es que las ideas carismáticas ya han penetrado los pensamientos de muchas personas que no son carismáticas mucho más de lo que se dan cuenta. Un gran número de personas que no son carismáticas, por ejemplo, ahora consideran que el decir que las señales de sanaciones y las lenguas estaban limitadas al período de la revelación del Nuevo Testamento es una postura extrema. El hecho es que este punto de vista ha sido la postura histórica de todos los principales reformadores, iglesias, declaraciones de fe y comentaristas protestantes, con excepción de los pentecostales. Es solo en los últimos cincuenta años, aproximadamente, que creyentes fuera de las denominaciones pentecostales la han puesto en duda. Agustín de Hipona describió los dones como "presagios", y todo exégeta bíblico de importancia ha estado totalmente de acuerdo desde entonces.

Los siguientes problemas son representativos de los que muchos carismáticos moderados, y también muchos cristianos neutrales, señalan cuando el movimiento carismático es objeto de debate. Estas son las razones del por qué permanecen en la incertidumbre, sintiéndose incapaces de rechazar de manera categórica las ideas carismáticas como equivocadas y antibíblicas. Nuestras respuestas aparecen después de que se enuncia cada problema o pregunta.

11
¿Y qué hay de las señales del capítulo 16 de Marcos?

La gran comisión del Señor Jesucristo incluye las palabras que están escritas en *Marcos 16: 17-18*: "Y estas señales seguirán a los que creen: En mi nombre echarán fuera demonios; hablarán nuevas lenguas; tomarán en las manos serpientes, y si bebieren cosa mortífera, no les hará daño; sobre los enfermos pondrán sus manos, y sanarán". ¿No es esto una promesa incondicional para todos los que creen? Si es así, entonces ¿seguramente tales señales "seguidoras" se deberían manifestar en todas las épocas?

LA RESPUESTA A ESE PUNTO de vista es que los versículos citados, *Marcos 16:17-18*, con toda seguridad no forman parte de la gran comisión que es aplicable a aquellos que predican y a creyentes comunes y corrientes a lo largo de la historia en curso de la Iglesia. La mención de serpientes y venenos mortíferos nos pone en guardia. Ningún cristiano sensato se atreve a decir que la promesa de estar a salvo al coger serpientes o al beber veneno mortífero es parte de la gran comisión para todos los creyentes. La gran comisión de la forma en que se escribe en *Mateo 28:18-20* no incluye los versículos apenas citados de *Marcos*, y esto nos debería guiar en nuestra interpretación de los mismos. La regla de oro de la interpretación es que debemos tomar en cuenta el *contexto* de cualquier versículo. Esto sin duda alguna nos ayuda a entender las palabras de nuestro Señor acerca de las "señales seguidoras". El tema que predomina en estos versículos es el de la *incredulidad* de los discípulos.

Encontramos el rastro en el versículo 11 donde los discípulos se niegan a creer el relato de María Magdalena de que ha visto al Señor. Luego en el versículo 13 les encontramos dudando de los dos discípulos a los que se apareció el Señor en el camino a Emaús. Después en el versículo 14 leemos de cómo el Señor se aparece a los once, y les reprocha por "su incredulidad y dureza de corazón, porque no habían creído". El Señor luego les anuncia la gran comisión, que se aplica no solo a ellos, sino a todos los creyentes que les seguirán.

Sin embargo, el Señor vuelve inmediatamente al problema de sus tendencias incrédulas. (Esto es exactamente lo que esperaríamos después del desarrollo del tema en los versículos precedentes). Dirigiéndose específicamente a *ellos*, les dice que ciertas señales les seguirán a *aquellos* (de los once) que crean de todo corazón y obedezcan sus instrucciones. *Ellos* echarán fuera demonios, hablarán con nuevas lenguas, sobrevivirán a mordeduras de serpientes y a venenos, y sanarán a los enfermos. ¡Las señales seguirán a *esos apóstoles*!

Si cualquiera de los once discípulos no hubiera llevado a cabo la gran comisión con una fe total en las promesas del Señor, entonces no habría tenido ninguna parte en los maravillosos ministerios de señales que iban a acompañar el período de inauguración de la Iglesia del Señor Jesucristo. El último versículo de *Marcos* relata que los discípulos obedecieron y cosecharon la promesa.

Los libros de *Hechos* y *Hebreos* confirman plenamente esta exégesis del pasaje pues nos informan que los prodigios fueron realizados principalmente "por la mano de los apóstoles". El hablar en lenguas ciertamente sucedió más allá de los apóstoles; pero el propósito de *Marcos 16:17-18* es explicar que Jesús prometió que todos los apóstoles disfrutarían de los ministerios de señales si renunciaban a toda desconfianza, cinismo y falta de coraje.

En resumen, la clave del pasaje está en *Marcos 16:14*: "Finalmente se apareció a los once mismos […] y les reprochó su incredulidad y dureza de corazón […]". El tema principal es la incredulidad de los once y la promesa especial que el Señor les da si se arrepienten. Debemos por lo tanto concluir que estas palabras fueron dirigidas específicamente a los once y, por tanto, ¡ningún creyente de hoy en día tiene que perder su certeza de salvación porque no pueda sanar a los enfermos, triunfar sobre serpientes venenosas o sobrevivir a venenos mortíferos!

12
El mandamiento de Pablo, ¿está todavía vigente?

¿Con qué base se puede decir que pasajes de la Escritura como *1 Corintios 14* no son válidos para nuestros días? ¿Acaso no están vigentes todavía las palabras de Pablo: "Así que, hermanos, procurad profetizar, y no impidáis el hablar lenguas"?

¿**C**ÓMO PUEDEN ALGUNAS personas estar tan seguras de que este versículo todavía está vigente, de forma literal, para los cristianos hoy en día? El mandamiento de la Escritura de honrar estos dones es claramente aplicable solo mientras el Espíritu dé los dones. Si el Espíritu soberano retira los dones, no debemos intentar reavivarlos nosotros mismos enseñando a la gente técnicas para hablar en lenguas, técnicas que, como ya hemos indicado, ¡funcionan muy bien cuando no cristianos experimentan con tales cosas!

Algunos mandatos en la Biblia son evidentemente designados para situaciones temporales. Este hecho inquieta mucho a ciertas personas, pero tomemos un ejemplo muy elemental, pero irrefutable. Pablo manda a las iglesias a orar por él, para que abra la boca y proclame el Evangelio con denuedo. Evidentemente no afirmamos dogmáticamente que este mandato esté todavía vigente de manera literal. Estuvo vigente solo mientras Pablo vivía. Después de su muerte, ya no debemos orar por Pablo, sino por los mensajeros *no inspirados* quienes han ocupado su lugar como mensajeros de Cristo. Del mismo modo, ahora que los dones temporales de los apóstoles y profetas inspirados han pasado, debemos desear con anhelo el fruto de su trabajo, es decir, las Escrituras, escuchando con expectación toda exposición seria de la Palabra ya plenamente revelada.

Los que se sienten obligados a tomar el mandamiento de Pablo en sentido literal hoy en día, se enfrentan a algunas "omisiones" notables en la infalible y suficiente Palabra de Dios. ¿Dónde están las instrucciones para la aprobación, designación o nombramiento de profetas y personas que hablen en lenguas en la Iglesia presente? Hay instrucciones y ejemplos muy claros en cuanto a cómo designar pastores, maestros, ancianos y diáconos, junto con descripciones detalladas de sus requisitos, pero no hay ni una palabra acerca de otros "funcionarios".

Fuera del libro de los *Hechos de los Apóstoles* y *1 Corintios* no hay ninguna mención en absoluto de personas que hablen en lenguas. Igualmente, fuera de estos libros las únicas referencias a profetas del Nuevo Testamento están en *Efesios*, y ahí se describen firmemente como solo parte de la etapa inicial de fundación de la Iglesia.

Debemos, por lo tanto, concluir que el mandato de la Escritura de honrar los dones de señales aplicaba de forma literal solo mientras el Espíritu daba los dones. Entre tanto que había profetas, su ministerio se tenía que desear y valorar. Durante el período en el cual se daban los dones de lenguas extranjeras genuinas, no se debía apagar al Espíritu. Pero el mandato deja de ser relevante en el momento en que el Espíritu Santo retira los dones especiales.

Eso no significa que *1 Corintios 14* sea un capítulo irrelevante en lo que a nosotros respecta. No solo es enormemente importante para que sepamos que los dones especiales de los primeros días fueron ejercidos dentro de un marco de orden, sino que también en este capítulo se nos da una instrucción vital acerca de los principios de adoración cristiana para todos los tiempos. Una vez que los dones de señales han cesado, los principios de edificación, paz (es decir, un servicio armonioso), la regla acerca de las mujeres y el mandato "hágase todo decentemente y con orden" seguirán vigentes (*1 Corintios 14:26, 33, 34, 40*). Por extraño que parezca, estos son los mismos principios y normas que son ignorados en tantas y tantas reuniones carismáticas.

13
¿Por qué los dones falsos habrían de empañar los verdaderos?

¿Deberíamos dar la espalda al movimiento carismático porque existen extremistas? ¿Devalúa el artículo auténtico la existencia de monedas falsas? El carácter dudoso de algunas afirmaciones carismáticas, y el evidente error de algunos maestros carismáticos, no debería desacreditar este punto de vista. El diablo puede imitar todos los dones, pero ¿debería esto llevarnos a negar los dones verdaderos?

MIENTRAS QUE ES generalmente cierto que todo lo que tiene valor es susceptible a ser falsificado, esta observación no se debería aplicar demasiado pronto a los dones del Espíritu. Después de todo, Dios designó esos dones espectaculares para que fueran *señales* muy maravillosas e impresionantes. No debemos perder de vista el hecho de que *las lenguas existieron para ser una señal*. Del mismo modo, las sanaciones apostólicas fueron demostraciones extraordinarias de poder que validaron que los apóstoles eran portavoces realmente inspirados por el Señor.

Dios designó estas señales, en su forma original, para ser

excepcionalmente eficaces en su papel de *señales*. El hecho es que no fueron falsificadas, a diferencia de las versiones insulsas de los dones que vemos hoy. El Señor las diseñó para que fuera imposible imitarlas o falsificarlas, como se esperaría de señales diseñadas por el Dios infinito y omnipotente.

En aquellos días, la gente vivía en comunidades muy pequeñas; incluso Corinto era un pueblo muy pequeño de acuerdo con los estándares actuales. Personas comunes y corrientes que se habían criado juntas y se conocían bien, de repente escuchaban que algunos de ellos hablaban en lenguas extranjeras *reales* que jamás habían aprendido. Las personas extranjeras presentes entre ellos las entendían, y otras personas comunes y corrientes recibían de manera simultánea la capacidad milagrosa de entenderlas e interpretarlas.

La manifestación de las lenguas en los tiempos del Nuevo Testamento fue completamente asombrosa para todos. Fue maravillosa más allá de toda descripción; una prueba de lo más contundente y poderosa de la presencia de Dios con la Iglesia temprana o primitiva. Ya que las lenguas eran idiomas reales, las personas de aquellos días que hablaban en lenguas poseían una señal que hasta ahora ninguna secta o grupo en el mundo jamás ha reproducido ni antes ni después de ese tiempo. En lo que concierne al testimonio de la historia, el *verdadero* hablar en lenguas no se ha falsificado en absoluto.

Sin embargo, las lenguas de hoy en día, al no ser lenguas extranjeras reales, cualquier persona puede hablarlas muy fácilmente, ¡desde grupos religiosos no cristianos hasta estudiantes cínicos experimentando con estas cosas! Los que hablan en lenguas nunca saben lo que significan las palabras y, si hay un intérprete, tal persona es la única que cree entender el significado, de manera que nunca hay un aspecto corroborativo en la operación. ¿Dónde está el valor de *señal* de esto?

Hoy en día, ¡el que habla en lenguas está obligado a apelar a nuestra fe para rescatar su "señal" de ser confundida con la glosolalia de las sectas no cristianas! Pero no hay ninguna diferencia aparente. Así que ¿puede esto ser realmente la clase de señal que Dios habría creado para reprochar y dar una lección de humildad a los judíos incrédulos de los tiempos bíblicos? ¿Usaría el Señor una señal que no contuviera ninguna evidencia de poder divino, produjera desagrado y cinismo, y dependiera de la buena voluntad y la fe para ser aceptada?

El pentecostal piadoso nos pide que reconozcamos que sus dones son diferentes de los que manifiestan los extremistas y timadores del movimiento carismático, y de los de las sectas no cristianas. Naturalmente otorgamos reconocimiento fraternal a todo pentecostal que sea un discípulo sincero del Señor; pero no podemos extender el mismo reconocimiento y respeto hacia sus dones, porque son indistinguibles de los de las sectas. Preguntamos de nuevo ¿es posible que Dios hubiera dado señales tan desprovistas del sello evidente de poder divino que acabaran enterradas y perdidas en una mezcla confusa de "dones" falsificados? Una señal es sin duda como una llave muy valiosa. Si un delincuente puede fácilmente fabricarla, entonces su diseño es muy pobre. Y aún peor, si un visitante casual es capaz de hacerla, entonces es de un diseño absolutamente sin ningún valor.

Los dones originales inspiraban respeto y asombro, y eran fascinantes y nada fáciles de imitar. Los dones actuales son fenómenos desconcertantes que no prueban nada y que cristianos y no cristianos pueden duplicar con relativa facilidad. La gran escala en que han ocurrido "lenguas desconocidas" y glosolalia extática en grupos no cristianos a lo largo de los siglos debe desacreditar de manera muy evidente que esta actividad sea la sucesora legítima del hablar en lenguas bíblico.

Cuando el señor Jesucristo, como parte de su ministerio de prodigios, echó fuera a demonios, era capaz de lanzar el reto a sus críticos: "¿Vuestros hijos por quién los echan?". El punto era que los judíos no los podían echar fuera, sin importar el método que intentaran utilizar. Solo el Señor pudo echar fuera a los demonios con una palabra, y así empleó una señal que nadie podía copiar ni falsificar. Sin duda es erróneo suponer tranquilamente que la existencia de lenguas falsificadas no nos tiene que preocupar ni tampoco desalentar nuestra creencia de que algunos dones sean genuinos. Esa es una suposición poco sólida y totalmente inapropiada cuando se trata de señales *que el Señor diseñó*. Los verdaderos dones de señales de los tiempos bíblicos eran totalmente excepcionales y no susceptibles a la falsificación.

14
¿Por qué no volver a la vida de la Iglesia primitiva?

Con toda certeza el panorama que se presenta en el Nuevo Testamento es el de iglesias que constantemente disfrutaban milagros y el don de hablar en lenguas. ¿Por qué deberían relegarse al pasado esas bendiciones?

¿ES CIERTO QUE EL HABLAR en lenguas y las sanaciones fueron tan frecuentes en los tiempos del Nuevo Testamento? Esta es una cuestión vital porque los maestros carismáticos dan completamente por sentado que prácticamente todos hablaban en lenguas y que las sanaciones eran sucesos cotidianos en la Iglesia primitiva. La realidad de la situación es que solo se relatan tres casos de hablar en lenguas en *Hechos*, en los capítulos *2, 10-11 y 19*, y a parte de las instrucciones que se dan en *1 Corintios* no hay ninguna otra mención sobre el hablar en lenguas en ninguna parte del Nuevo Testamento.

Generalmente todos los evangélicos aceptan que algunos creyentes continuaron recibiendo la inspiración para hablar en lenguas entre tanto que sucedieron esos sucesos relatados, para que así otros judíos pudieran haber presenciado la señal de Dios. Sin embargo, aun esto no es más que una suposición, y es una suposición aún mayor el que *numerosos* cristianos hablaran *constantemente* en lenguas. Las tres referencias en *Hechos* no apoyan en nada esa noción. En cada uno de los casos de hablar en lenguas que se relatan se necesitaba alguna autentificación para apoyar el mensaje predicado. En cada caso había judíos involucrados: judíos que necesitaban ver que el antiguo orden judío había sido traído a su fin, y que ahora judíos y gentiles estaban juntos en una nueva Iglesia regida directamente por el Espíritu Santo. El suceso en el que se habló en lenguas en *Hechos 10* es un ejemplo de ello. Dios le había mostrado a Pedro, mediante una visión, que se podía asociar con gentiles. Llevando consigo a un grupo de judíos que se habían convertido, visitó la casa de Cornelio. Dios estaba a punto de llevarle un paso más adelante y de mostrarle que los gentiles eran sus *iguales* en el Evangelio.

A medida que Pedro predicó a Cornelio (y a sus amigos gentiles temerosos de Dios) el Espíritu Santo cayó sobre ellos, como relata Lucas: "Y los fieles de la circuncisión que habían venido con Pedro se quedaron atónitos de que también sobre los gentiles se derramase el don del Espíritu Santo. Porque los oían que hablaban en lenguas, y que magnificaban a Dios. Entonces respondió Pedro: ¿Puede acaso alguno impedir el agua, para que no sean bautizados estos que han recibido el Espíritu Santo también como nosotros?" (*Hechos 10:45-47*).

El propósito de esta manifestación de lenguas fue el de abrir la mente de los judíos convertidos al hecho de que los gentiles podían ser verdaderos creyentes y miembros en Cristo con ellos. Más tarde, cuando Pedro lo explicó a los judíos cristianos de la iglesia en Jerusalén, dijo algo muy singular que sugiere firmemente que no había habido mucho hablar en lenguas (o tal vez nada) entre Pentecostés y el derramamiento del Espíritu en la casa de Cornelio que ocurrió más de ocho años después. Pedro dijo: "Y cuando comencé a hablar, cayó el Espíritu Santo sobre ellos también, como sobre nosotros al principio. Entonces me acordé de lo dicho por el Señor, cuando dijo: Juan ciertamente bautizó en agua, mas vosotros seréis bautizados con el Espíritu Santo" (*Hechos 11:15-16*). Esta fue claramente solo la segunda vez que Pedro había presenciado un "derramamiento grupal" del Espíritu desde Pentecostés. Pedro y los judíos que estaban con él en la casa de Cornelio se habían quedado asombrados de que ocurriera el mismo fenómeno que recordaban de años atrás.

El único otro relato de hablar en lenguas en *Hechos* se encuentra en *Hechos 19:6*. Aquí Pablo encontró a doce personas judías que devotamente creían el mensaje de Juan el Bautista. Tenían una esperanza sincera (pero precristiana) en el Mesías. Cuando gozosamente abrazaron un pleno entendimiento del Evangelio, Pablo les impuso las manos y hablaron en lenguas y profetizaron. Está claro que Dios les dio estas señales como una especie de "mini Pentecostés". Primeramente, al ser discípulos de Juan necesitaban ser puestos al día en cuanto al Calvario y a la resurrección. Después, como judíos necesitaban aprender (como Pedro y los judíos de Jerusalén) que un día totalmente nuevo había amanecido, un orden nuevo había sobrevenido, y una nueva Iglesia había sido inaugurada bajo el dominio del Espíritu Santo. Una vez más, por tanto, hubo un propósito especial en el don de lenguas, lo cual es plenamente conforme a la enseñanza de Pablo de que las lenguas son principalmente una señal para los judíos.

Tengamos pues mucho cuidado antes de dejarnos llevar por la idea romántica de que el hablar en lenguas era una característica normal y cotidiana en la vida y en la adoración de las iglesias del Nuevo Testamento. Todos, se argumenta, utilizaban las lenguas tanto pública como privadamente. Este concepto simplemente no está de acuerdo con lo que se relata en *Hechos*, como cualquier lector puede juzgar. Bien puede ser que haya habido muchos más sucesos de hablar en lenguas que los que se relatan, pero permanece el hecho de que solo se relatan tres incidentes en *Hechos*, por lo que no deberíamos creer que las Escrituras describen la escena carismática moderna.

La iglesia en Corinto fue bendecida con varias personas que hablaban en lenguas, pero solo se les permitía como máximo tres mensajes en lenguas por culto; el número de personas con el don era probablemente bastante pequeño. A las mujeres no se les permitía hablar en absoluto. La popular idea carismática de un constante hablar en lenguas simplemente no se puede reconciliar con los datos proporcionados en la Biblia.

Lo mismo pasa con la frecuencia de los milagros de sanación, porque una vez más se ha producido una enorme discrepancia entre la suposición y la realidad. Los actos de sanación fueron ciertamente numerosos y espectaculares; pero de acuerdo con *Hechos, exclusivamente* los apóstoles y aquellos que colaboraban con ellos (y los que recibieron su poder o don de parte de los apóstoles) eran quienes los llevaban a cabo. Pablo nos dice que los milagros de sanación que realizó fueron "las señales de [un] apóstol". Ya que hacía estas cosas, los creyentes en Corinto y otros lugares podían estar seguros de que era un verdadero apóstol. Les recuerda esto en *2 Corintios 12:11-12*: "En nada he sido menos que aquellos grandes apóstoles […] las señales de apóstol han sido hechas entre vosotros […] por señales, prodigios y milagros".

Si pastores y miembros de iglesia hubieran podido llevar a cabo sanaciones, entonces Pablo nunca hubiera podido autenticar su apostolado como lo hizo. Podemos estar seguros, pues, de que las poderosas señales de sanación de aquellos días, por numerosas que fueran, estaban limitadas a los apóstoles y a quienes ellos nombraran de manera expresa.

Por lo tanto, contrario a lo que suponen la mayoría de los maestros carismáticos, los creyentes comunes y corrientes no practicaban extensamente las lenguas y las sanaciones. A juzgar por lo que la mayoría de las epístolas dicen, parecería que las iglesias de varias ciudades nunca experimentaron el hablar en lenguas. Evidentemente esta señal para los judíos no fue necesaria en todo lugar. Cuando los escritores carismáticos explican los pasajes de la Escritura siempre presuponen un panorama de la Iglesia primitiva dedicándose constantemente a las señales, los prodigios y las lenguas; pero esa presuposición no tiene ninguna relación con los hechos reales del relato bíblico. ¡El concepto carismático de la Iglesia primitiva no es más que fantasía!

15
¿Sana Dios hoy en día?

¿Acaso no se supone que los milagros de sanación de Cristo y sus apóstoles sean un patrón para la clase de cosas que las iglesias de hoy en día deberían estar haciendo? ¿Es que no hay ningún ministerio de sanación divina para hoy en día?

DIOS A MENUDO SANA a la gente de sus enfermedades, pero debemos entender que hay dos clases diferentes de sanación en los tratos de Dios con la humanidad. Hubo una vez aquellas señales milagrosas de sanaciones, espectaculares e innegables, que tenían un propósito específico. Su propósito fue confirmar la autenticidad de un mensajero de Dios. Pero hay otra clase de sanación que no tiene nada que ver con las señales, ni con la autentificación de nadie. *Santiago 5:14-16* describe esta otra clase de sanación: "¿Está alguno enfermo entre vosotros? Llame a los ancianos de la iglesia, y oren por él, ungiéndole con aceite en el nombre del Señor. Y la oración de fe [restaurará] al enfermo, y el señor lo levantará [...] orad unos por otros, para que seáis sanados".

Santiago no nos dice que llamemos a un sanador "dotado", sino que llamemos a los ancianos nombrados de nuestra iglesia; hombres piadosos del mismo cuerpo local de creyentes que nos conocen y nos aman, y ellos orarán. Entonces Dios en su soberanía, de acuerdo con su voluntad, no de acuerdo con la nuestra, determinará cómo y cuándo, o si es que el cristiano enfermo mejorará. Note detenidamente que el pasaje no dice cómo será levantado el enfermo. Tampoco dice cuánto tiempo tardará, ni dice si se necesitarán medicamentos o no, o enfermeras, médicos, hospitales o convalecencia.

Puede que alguien se pregunte: "Si la persona es levantada, ¿cómo sabemos que lo ha hecho Dios?". Lo sabemos porque esta sanación es un asunto de familia dentro y entre el pueblo de Dios. No es para exhibición; ni es una señal al mundo. No necesita ser "innegable". Es algo dentro del cuerpo de Cristo para alentar al pueblo de Dios.

No hay nada en *Santiago 5* que tenga algo que ver con señales milagrosas ni con sanadores dotados. No obstante, el pasaje sí enseña que Dios es consciente de las enfermedades de su pueblo, y se preocupa por ellos y se involucra en el asunto, y nos da su manera prescrita para enfrentar este problema.

Conforme consideramos *Santiago 5*, con sus posibilidades de gracia para la sanación en respuesta a la oración, recordemos que lo que acontezca estará de acuerdo con la soberana voluntad de Dios. Debemos tener presente que el Nuevo Testamento está lleno de ejemplos de grandes hombres piadosos que oraron fervorosamente por una curación física pero no la recibieron. Considere al apóstol Pablo. Con toda certeza no hay discusión de que fue uno de los cristianos más grandes que jamás hayan vivido desde el día de Pentecostés, y aun así Pablo fue afligido constantemente con limitaciones físicas. Padeció aquel espino en la carne; ¡cómo nos gustaría saber lo que era! Pero Dios no quiere que lo sepamos para que podamos sustituir con más facilidad el ejemplo de Pablo por nuestra propia discapacidad.

¿Qué hizo Pablo en cuanto a su espino? Hizo lo correcto. No exigió una sanación de parte de Dios, ni utilizó el don de señal especial de Dios que poseía como apóstol para sanarse a sí mismo. Simplemente oró con fervor, en fe, al Señor Jesucristo, la cabeza soberana de la Iglesia: "Señor, quita este espino de mi carne; es doloroso; es molesto; está impidiendo mi ministerio. Por favor, quita el espino".

Sin embargo, no pasó nada, aunque oró en tres ocasiones distintas, ¿Cuál fue la respuesta de Dios?: "Bástate mi gracia". Y la respuesta de Pablo fue: "Por tanto, de buena gana me gloriaré más bien en mis debilidades, para que repose sobre mí el poder de Cristo [...] porque cuando soy débil, entonces soy fuerte".

Esta es la paradoja de toda vida y ministerio cristiano: cuando nos sentimos impotentes, cuando estamos en nuestro punto más bajo, cuando no tenemos nada en nosotros de lo cual depender, entonces el Señor Jesucristo puede manifestar de una manera única que es Él quien hace la obra. "Separados de mí –dijo el Señor– nada podéis hacer". Nuestra salud, fuerza y vigor no proveen el medio eficaz por el cual Dios edificará su Iglesia.

Qué golpe más devastador es la dolencia de Pablo para la teología del movimiento moderno de la sanación por la fe, la cual afirma que nuestras enfermedades físicas son la medida exacta de nuestra falta de fe en la obra expiatoria de Jesucristo, la cual, dicen, proveyó para nuestra sanación. Entre los santos más grandes de la historia de la iglesia existen muchos que han sido lisiados desamparados y sin esperanza de curación, y ciegos que nunca han sido sanados. El caso de Joni –una joven en los Estados Unidos que se quedó paralizada de cuello para abajo– es ahora bien conocido. Por una breve temporada, como se lee en su notable libro, fue animada a creer que por la fe podía ser curada de manera instantánea. Ese fue uno de los períodos más trágicos de su vida, y descubrió mediante un estudio atento de la Escritura y ayudado por la oración que la idea era un engaño total.

A la luz de *Hechos 19*, podemos decir que el apóstol Pablo era un experto en sanar a la gente de manera sobrenatural. Basados en esto, muchos carismáticos "sanadores por la fe" en los Estados Unidos de América piden en sus programas de radio que se les envíe trozos de prendas de vestir, ¡preferentemente con dinero! La prenda será puesta en oración y devuelta al remitente (sin el dinero) y la sanación será garantizada bajo esta condición: su sanación será lograda en proporción a su fe. En otras palabras, no es la responsabilidad del sanador si sucede algo o no, y nadie recibirá su dinero de vuelta si no hay sanación. ¡Qué farsa del Nuevo Testamento! ¡Qué blasfemia! ¡Qué perversión de los ministerios únicos de señales milagrosas de los apóstoles!

El movimiento carismático no ha distinguido entre las dos clases de sanación claramente reveladas en la Biblia, es decir, la sanación como señal milagrosa autentificadora realizada a manos de apóstoles temporales, y la clase de sanación corriente que se describe en *Santiago 5*. Este es nuestro ministerio de sanación para hoy en día; pero es de un estilo y orden totalmente diferentes de los del ministerio de señales milagrosas.

16
Debemos exorcizar demonios, ¿no?

Los poderes demoníacos asaltaron a la Iglesia en el siglo primero, y es de suponer que siguen haciéndolo en nuestro siglo. A la luz de esto, ¿no es válido y necesario el ministerio carismático de exorcismos?

EL ECHAR FUERA DEMONIOS es, sin duda alguna, un rasgo central de la actividad carismática, pero en realidad es contrario a muchos pasajes de la Escritura. Primeramente, la Biblia enseña que desde la venida de Cristo los demonios ya no pueden poseer personas *contra su voluntad*, sino solamente como resultado de su interferencia y cooperación voluntaria con el mundo de los espíritus. De modo que la frecuencia de la posesión demoníaca se ha reducido enormemente y ha sido limitada prácticamente a los círculos de dedicación ocultista.

Los carismáticos, sin embargo, ven posesiones demoníacas por todas partes, y echan demonios fuera de personas que no manifiestan ninguno de los "síntomas" presentes en las descripciones bíblicas de la posesión, aparte de la reacción histérica "programada" que a veces se ve en los adeptos carismáticos que están siendo exorcizados.

En resumen, el argumento bíblico contra la posesión demoníaca "involuntaria" es como sigue:

1) Jesús enseñó que su venida resultaría en una severa limitación de los poderes de Satanás para poseer almas (*Lucas 11:20-22*; *Juan 12:31*).

2) Los mismos demonios eran conscientes del fin inminente de su libertad para poseer almas (*Lucas 8:28*; *Marcos 1:24*).

3) Se describe a los demonios estando en el cautiverio desde los tiempos del Calvario, porque Cristo les ha despojado de su poder ilimitado de poseer la mente y el alma de las personas (*Efesios 4:8*; *Salmo 68:18*).

4) No se permitirá ninguna manifestación abierta de Satanás (ni de los demonios) hasta el fin de los tiempos. Debe obrar sobre todo secreta y solapadamente; a través de la tentación y las mentiras. Está obligado a permanecer invisible en sus actividades; algo que no sería el caso si a los demonios todavía se les permitiera "encarnarse" prácticamente a su antojo en numerosas personas (*2 Tesalonicenses 2:6-8*).

5) Las actividades presentes de los demonios están descritas de manera muy concisa en varios pasajes del Nuevo Testamento, y la ocupación de almas no aparece como una de sus actividades. Mienten, tientan, fomentan la discordia en la iglesia, luchan contra la Iglesia, fomentan la persecución y constantemente intentan plantar falsas doctrinas (por ejemplo *1 Timoteo 4:1*; *Santiago 3:14-15*; *1 Juan 4:1-6*; *Apocalipsis 12:17*).

6) Desde luego que tenemos la narración de las señales milagrosas de exorcismos que el Señor y sus apóstoles llevaron a cabo; pero no hay ni un mandato ni instrucción dirigidos a pastores y creyentes "comunes y corrientes" dándoles la autoridad de exorcizar demonios. Asimismo, no se dice nada en las epístolas pastorales, ni en los largos pasajes en *Romanos*, *Gálatas* y *Efesios* que tratan sobre la actividad satánica y la tentación.

Por tanto se llega a la conclusión de que la posesión demoníaca es una forma de tragedia humana relativamente rara. ¿Qué deberíamos hacer si nos enfrentáramos a un caso raro de posesión? Deberíamos seguir el principio de que solo Cristo, el Señor, puede librar al alma explotada y poseída, y debemos insistir que esa persona acuda a Cristo para su liberación. ¡Somos tan capaces de liberar a un alma poseída por un demonio como de regenerarla! No podemos hacer nada, excepto instar a hombres y mujeres a que acudan a Cristo –el único Sumo Sacerdote– para *todas* sus aflicciones del alma.

Ningún creyente debería atribuirse los poderes sacerdotales de Cristo y buscar efectuar alguna clase de liberación. Ningún creyente debería intentar interactuar personalmente con un demonio, porque el hacerlo es una violación grave del mandato de Dios que prohíbe contacto y diálogo con las fuerzas de las tinieblas (*Levítico 20:27*; *Deuteronomio 18:10-12*). La enseñanza del Nuevo Testamento es que nuestra lucha contra Satanás y sus huestes es un conflicto *indirecto*. No tocamos, palpamos, o hablamos con el enemigo, ni contactamos con el de *manera directa*, sino que luchamos utilizando la armadura y las armas que Dios provee (véase *Efesios 6:10-18*). A medida que nos tienta, nos ocupamos en los deberes espirituales que nos protegen, y contratacamos, no mediante un asalto verbal a los demonios, sino extendiendo el Evangelio y así ganando el corazón de hombres y mujeres.

Muchos "sanadores" carismáticos piensan que el exorcismo es una parte necesaria de la sanación porque creen que Satanás (o un demonio opresor) está detrás de toda enfermedad. Pero en ninguna parte del Nuevo Testamento se nos dice que Satanás ni los demonios sean responsables de las enfermedades; excepto en el caso de aquellas personas que estuvieron completamente poseídas por demonios. En todos esos asuntos, la "nueva teología" de los maestros carismáticos es extremadamente superficial y los creyentes jóvenes en la fe necesitan ser advertidos al respecto.

Debemos recordar que la principal actividad de los demonios contra el pueblo de Dios hoy en día es infiltrar las iglesias con doctrinas inventadas por demonios. ¡Qué terrible ironía es el hecho de que mientras Satanás continúa esforzándose, sin impedimento, en extender enseñanzas falsas, muchos del pueblo de Dios están luchando una batalla de hace dos mil años "echando fuera" demonios imaginarios!*

---

* Los argumentos descritos aquí están explicados con mayor detalle en *The Healing Epidemic* (La epidemia de sanación), Peter Masters (Wakeman Trust, London).

17
Si la predicación es inspirada, ¿por qué no la profecía?

Los pastores no carismáticos desean una unción del Espíritu sobre su predicación, así que ¿por qué deberían negarse los dones de profecía y las palabras de ciencia a las personas carismáticas? La predicación tradicional, ayudada por el Espíritu, siempre contiene elementos proféticos (el mensaje de Dios para el tiempo presente). ¿Cuál es la diferencia entre esto y las palabras de ciencia?

ESTA CLASE DE PENSAMIENTO representa una comprensión muy precaria y peligrosa de la autoridad suprema y exclusiva de la Escritura, y se les aconseja a los que piensan de este modo a reflexionar mucho más respecto al gran principio de la Reforma –*sola scriptura*– ¡solo la Escritura! Puede ser que no estén conscientes de ello, pero han absorbido ya un concepto de la revelación sumamente carismático (incluso cuáquero) que es completamente contrario a la enseñanza de la Biblia acerca de sí misma que dice que ella es la fuente exclusiva de conocimiento espiritual para la Iglesia de Cristo en la tierra.

Sin duda alguna la iluminación y la ayuda del Espíritu son esenciales para que podamos comprender la enseñanza de la Palabra de Dios. Sin embargo, todo lo absolutamente necesario para la salvación, la fe y la vida está ya por escrito en la Escritura, y no se le puede añadir nada ni por una nueva revelación ni por sabiduría humana. Los términos "profecía" y "palabras de ciencia" sugieren que un conocimiento espiritual de toda clase de cosas puede ser directamente infundido en la mente de maestros o predicadores "dotados". También sugieren que tales maestros reciben entendimiento e interpretaciones de la Escritura que los maestros "no dotados" no verán nunca.

Los que mantienen tales opiniones creen que la Biblia es solo una *parte* del proceso en que se comunica Dios. Piensan que Dios usa la Biblia *y también* maestros dotados directamente con conocimiento y entendimiento. Sin embargo, Dios ha dado su Palabra para ser *la única prueba objetiva* de todas nuestras ideas, opiniones, enseñanzas, pensamientos y acciones. Además, la ha hecho tan eficaz y clara como medio de expresar su voluntad que todos los cristianos auténticos (quienes poseen una mente convertida e iluminada) pueden confiadamente apelar a su significado llano como el último árbitro en todas las disputas.

Dios no ha arreglado las cosas de manera que tengamos que depender de ciertos individuos privilegiados que posean el "don de ciencia" de tal forma que solo ellos puedan decirnos el significado de la Biblia. Esto siempre ha sido la afirmación de Roma, pero no del protestantismo. Esta es una forma nueva, sutil y muy peligrosa de práctica sacerdotal y elitismo entre los creyentes carismáticos. Como asevera la *Confesión Bautista* de 1689: "La regla infalible de la interpretación de la Escritura es la Escritura misma; y, por consiguiente, cuando surge una duda respecto al verdadero y pleno sentido de cualquier Escritura [...] este se debe buscar por medio de otros pasajes que hablen con más claridad. El juez supremo, por el que deben decidirse todas las controversias religiosas [...] no puede ser otro sino la Santa Escritura [...] y en el veredicto de la Escritura debemos descansar".

El pastor-maestro bíblico es alguien que explica y expone la Palabra de Dios, no alguien que tiene un canal directo de revelación de parte de Dios o que tiene una luz exclusiva de Dios de alguna clase. El profeta está en el pasado; el maestro de la Palabra de Dios, que está establecida, completa y asentada, es el instrumento que Dios utiliza hoy en día.

Esto se confirma por las palabras del apóstol Pedro (escritas aproximadamente en el año 66 d.C., hacia el final de la revelación del Nuevo Testamento): "Pero hubo también falsos profetas entre el pueblo, como habrá entre vosotros falsos maestros [...]" (*2 Pedro 2:1*). Aquí los profetas están ya siendo reemplazados por los maestros, un hecho reflejado en las epístolas pastorales que instruyen a la Iglesia presente acerca de la designación de maestros, pero no acerca de la designación o el reconocimiento de profetas.

Cuando un maestro cristiano explica algo, en ningún sentido personal es un profeta, sino meramente un representante del Profeta supremo, el Señor Jesucristo. Por tanto, ninguna enseñanza es en absoluto "profética" a menos que sea la enseñanza de la Escritura. A veces, al describir a un predicador, la gente utiliza la palabra "profético" como sinónimo de "inspirador" o "apropiado". Ese uso de la palabra ya es imprudente; pero es aún peor cuando la gente realmente quiere atribuir un elemento de inspiración directa a los mensajes de los predicadores. La "unción" de un predicador le hace tener denuedo, estar lleno de fuertes sentimientos, ser compasivo, tener celo por la gloria de Dios, ser diligente y eficaz en su búsqueda a través de la Escritura, y quizás también apasionado y fluido al transmitir su mensaje; pero no le transmite una revelación especial. Por lo tanto, la "unción" que el predicador evangélico busca no se puede utilizar como una justificación de los dones de profecía carismáticos.

18
¿Acaso no permanecen los dones hasta que Cristo venga?

Si *1 Corintios 13:10* ("mas cuando venga lo perfecto, entonces lo que es en parte se acabará") no se refiere a la terminación de la Biblia sino a la segunda venida de Cristo, entonces los dones no pasarán hasta que el Señor venga. Ya que prácticamente todos los grandes comentadores del pasado consideran que Pablo se refiere a la venida de Cristo, ¿acaso no deberíamos esperar que los dones estén presentes hasta el fin?

ES CIERTO QUE EN tiempos recientes varios maestros no carismáticos han adoptado una interpretación de las palabras de Pablo que dice que la frase "cuando venga lo perfecto" se refiere a la terminación de la revelación del Nuevo Testamento. De acuerdo con esta postura, en cuanto la Biblia estuvo perfecta y completa, los dones de profecía, el hablar en lenguas y el conocimiento "inspirado" desaparecieron. Esta interpretación es, sin embargo, muy polémica, y muchos no carismáticos (además de pro-carismáticos) la encuentran difícil de digerir.

Es igualmente cierto que los grandes comentarios del pasado, en su mayoría, son de la opinión de que Pablo se refiere al fin de los tiempos, cuando el Señor vendrá para traer la era eterna de perfección.

Si preferimos adoptar esta interpretación más antigua, ¿significa entonces que los dones carismáticos durarán hasta el fin de los tiempos? De ninguna manera, porque Pablo está hablando del *conocimiento* revelado que produjeron los dones reveladores, no de los dones mismos. El producto de los dones fue la verdad revelada; pero, dice Pablo, aun la verdad revelada de la Biblia no está totalmente completa, y cuando venga el Señor ¡será eclipsada y superada por la plena luz del Cielo!

Si examinamos atentamente las palabras de Pablo, encontramos que es solo lo que "sabemos" y lo que "profetizamos" lo que está programado para que pase cuando venga el Señor. Las lenguas ciertamente cesarán, pero Pablo no dice cuándo. No menciona las lenguas cuando le pone fecha a la terminación de todo conocimiento revelado. Así pues, las palabras del apóstol dejan lugar para el cese del don de lenguas en una fecha con mucha antelación al regreso del Señor, a saber, el fin del período inaugural de la Iglesia.

Muchos comentaristas toman en cuenta el hecho de que Pablo puede (en *1 Corintios 13:8*) estar incluyendo *las lenguas* con *el conocimiento* como cosas que durarán hasta el fin de los tiempos. Pero esos comentaristas dicen que Pablo ya no está hablando de lenguas dadas como don, sino del hablar natural de lenguas en todo el mundo. Entonces simplemente dice: "Todos los idiomas acabarán". Sigamos el razonamiento del apóstol, de acuerdo con esta interpretación:

Pablo está intentando ayudar a los corintios a poner en perspectiva el don de lenguas. Para reforzar su argumento indica que *todos* los idiomas humanos cesarán de todas formas en la gloria eterna. En otras palabras dice: ¿Por qué exaltáis tanto a quienes Dios da el don de hablar en otro idioma? Vendrá el tiempo en que *todos* los distintos idiomas de la tierra serán abolidos, y entonces todos los redimidos hablarán el único idioma del Cielo". Calvino adopta esta opinión del pasaje y dice: "Ya que la erudición, el conocimiento de idiomas y otros dones sirven las necesidades de esta vida, no me parece que continuarán existiendo cuando venga ese momento".

Ninguna de estas dos posturas apoya la idea de que el don de lenguas quede vigente hasta el fin de los tiempos, y aún así dichas posturas representan prácticamente las únicas interpretaciones serias sostenidas de las palabras de Pablo hasta hace muy poco tiempo. El hecho es que en los versículos 8-9 Pablo no vincula de manera específica el cese de las lenguas con el fin de los tiempos, de manera que el pasaje no provee ningún apoyo a la interpretación carismática de sus palabras, es decir, que las lenguas y otros dones carismáticos continúan hasta que Cristo venga.

19
¿Y qué hay de las lenguas en las devociones personales?

¿No dice Pablo en *1 Corintios 14*: "El que habla en lenguas no habla a los hombres, sino a Dios?" Y ¿acaso no añade: "El que habla en lengua extraña, a sí mismo se edifica"? Si, pues, las lenguas son una forma legítima de oración, y además un medio de edificación, ¿con qué derecho despreciamos tal don?

ESA INTERPRETACIÓN DE *1 Corintios 14:2* y *4* muestra una falta de entendimiento respecto a lo que Pablo está diciendo en estos versículos. Pablo se esmera en demostrar que el hablar en lenguas no tiene ningún propósito a menos que el mensaje sea interpretado, para que así todos puedan entender. Ya hemos examinado esta cuestión en el capítulo *Las lenguas nunca fueron para beneficio personal*, pero bien vale la pena clarificar más la cuestión. Pablo ya ha dejado claro (en *1 Corintios 12:7*) que cada don fue dado para beneficio de todos en la iglesia. Contrario a este principio, algunos que hablaban en lenguas no estaban obteniendo un intérprete para validar sus mensajes y relatarlos a la iglesia reunida. Pablo de hecho está reprendiendo a tales personas cuando dice que solo se edifican a sí mismos, pues solo ellos se benefician del mensaje de Dios.

Como ya hemos indicado antes, las palabras de Pablo contienen también una implicación muy importante que invalida por completo el uso carismático actual de las lenguas. Demuestra que la persona que habla en lenguas normalmente entendía su propio mensaje en lengua extranjera. Fíjese atentamente en sus palabras: "El que habla en una lengua extraña a sí mismo se edifica". Repetimos que la palabra griega traducida edifica se refiere a la adquisición consciente de conocimiento. La queja de Pablo es que algunos corintios que hablaban en lenguas recibían mensajes genuinos del Señor que entendían, y que aumentaban su conocimiento personal, pero por desgracia no traducían dichos mensajes y de esta manera los guardaban para sí. Pablo se opone a esto y les reprocha lo que hacen. Después de todo, estos mensajes no estaban destinados a los que hablaban en lenguas tan solo, sino a toda la iglesia (Véase *1 Corintios 12:7 y 14:5*).

Hoy en día, mucha gente piensa que el que habla en lenguas no tiene por qué entender su lengua, ¡sino que el entendimiento es una prerrogativa exclusiva del intérprete! El que habla en lenguas es evidentemente "edificado" de alguna manera misteriosa e intangible, quizás emocionalmente, aunque la palabra griega *edificar* (*oikodoméo*), tal como se usa en la Biblia, no admite tal idea.

El que hoy en día habla en lenguas nunca es edificado en el sentido propio del término porque no obtiene ningún mensaje inteligible de las palabras que emite. Su entendimiento queda sin fruto porque su mente no recibe ninguna instrucción tangible a menos que un intérprete hable. Por lo tanto, nunca puede estar en la posición que Pablo describe, en la cual uno que habla en lenguas, aunque no haya intérprete, "a sí mismo se edifica".

Cuando alguien que habla en lenguas no entiende de forma inteligente su propio don de lenguas ni su mensaje de manera inteligente, el supuesto "don" sin duda tiene que ser cuestionado. Tenemos el deber de protegernos unos a otros de caer bajo el poder de cualquier experiencia o influencia (incluso la influencia de nuestras propias imaginaciones y emociones) que no sea una impresión sana y comprensible hecha en nuestra mente consciente.

El "orar en lenguas" está basado en una comprensión equivocada de *1 Corintios 14:2* donde Pablo dice: "El que habla en lenguas no habla a los hombres, sino a Dios". Aquí Pablo indica que alguien que habla en lenguas y no interpreta su mensaje se coloca en la insólita situación de predicar a Dios, porque solo el Señor puede entender lo que está diciendo. Eso debería sorprendernos, porque el único propósito de las lenguas (como Pablo dice una y otra vez) es el de traer un mensaje de Dios a la asamblea entera. El hablar en lenguas es un mensaje de Dios a la gente. Si Dios da un mensaje y resulta que es el único oyente, entonces ¡algo ha salido realmente mal! Esto es lo que Pablo está explicando. No está aprobando la práctica de orar a Dios en lenguas.

Otro texto mal entendido es *1 Corintios 14:14* donde Pablo dice: "Porque si yo oro en lengua desconocida, mi espíritu ora, pero mi entendimiento queda sin fruto". Pablo no quiere decir que sea posible orar en lenguas. Al contrario, está diciendo que si alguien recibe un mensaje en lenguas que no entiende, entonces debe orar por entendimiento, porque todo se debe hacer con el entendimiento. Considere las palabras del apóstol: "Por lo cual, el que habla en lengua extraña, pida en oración poder interpretarla. Porque si yo oro en lengua desconocida, mi espíritu ora, pero mi entendimiento queda sin fruto. ¿Qué, pues? Oraré con el espíritu, pero oraré también con el entendimiento; cantaré con el espíritu, pero cantaré también con el entendimiento" (*1 Corintios 14:13-15*).

Pablo, pues, no aboga por el uso de las lenguas en la oración. Más bien, muestra cuán absurdo es hablar en una lengua que no entendemos, demostrando cuán ridículo sería si oráramos de esa manera. ¿Qué estaríamos pidiendo? ¿Por qué cosas estaríamos dando gracias? ¿Qué estaríamos diciendo en alabanza a Dios? La respuesta es: ¡no lo sabemos! Por tanto la oración sería una tontería. Y por medio de esta ilustración, el apóstol invalida cualquier mensaje en lenguas que la persona que habla en lenguas no esté capacitado para entender.

20
Trampas de Satanás

A MENUDO SE HACE la pregunta: Si las profecías, las visiones y las lenguas de hoy en día no son de Dios, ¿son entonces inspiradas por el diablo? Algunas personas parecen pensar que tiene que ser lo uno o lo otro. Eso simplemente no es así. Los creyentes piadosos se equivocan muchas veces, pero ello no implica que el diablo les esté inspirando de manera directa. Un creyente puede seguir una ruta equivocada en un viaje, pero nadie sugeriría que el error se atribuya a la intervención directa de Satanás. A veces un creyente puede llegar a estar emocionalmente abrumado, oír ruidos en la noche, e incluso, bajo gran estrés, padecer alucinaciones, pero todas esas experiencias se pueden explicar sin suponer que la persona tenga un demonio.

Muchísimas personas que hablan en lenguas ininteligibles lo hacen así porque son creyentes sinceros que han sido enseñados que Dios quiere que hagan eso. En su sinceridad se han esforzado por obedecer, atormentándose por tener el "don" y añorándolo. La mayoría también ha recibido entrenamiento para ayudarles a hablar en lenguas. Llenos de un poderoso deseo y de la necesidad de emitir algo es casi inevitable que tarde o temprano lo harán.

En lo que respecta a los creyentes sinceros, ni el hablar en lenguas proviene del diablo ni tampoco ninguna otra reacción semivoluntaria e híper frenética de la mente o del cuerpo humano, aunque los estados hipnóticos extáticos de las experiencias carismáticas extremas desde luego pueden exponer a las personas a una interferencia demoníaca.

Las sanaciones de hoy en día se tienen que explicar en términos de sanaciones imaginarias y de un alivio de corta duración debido a la poderosa influencia que la mente tiene sobre el cuerpo. El poder demoníaco no tiene por qué estar necesariamente involucrado en ello, aunque puede ser que algunos falsos maestros que son carismáticos reciban ayuda de los poderes de las tinieblas, igual que hacen los maestros de sectas.

Sin embargo, mientras afirmamos que los creyentes carismáticos más sinceros no están necesariamente bajo ninguna forma de influencia satánica en sus prácticas erróneas, indudablemente se hacen sumamente vulnerables a la tentación. Bajo la influencia de las enseñanzas carismáticas la gente aprende a confiar en experiencias extáticas, impulsos y coincidencias, y en muchas otras influencias subjetivas, y el diablo pronto se aprovecha de tales personas. Ellos llegan a confiar en que sus impulsos son una guía directa de Dios, y muchos llegan al punto de recibir toda su dirección por medio de sueños y visiones.

En las últimas páginas de su libro, *Tongues: To Speak or Not to Speak* (Las lenguas: hablar o no hablar), el Dr. Donald Burdick hace referencia a los beneficios que muchos carismáticos sinceros creen haber obtenido mediante el hablar en lenguas. Dicen haber encontrado un amor renovado por el Señor, una relación profundamente personal con Él y un deseo más fuerte para la oración. Han vuelto a encontrar vehemencia en su vida espiritual y el Espíritu Santo se ha convertido en un miembro prominente de la Divinidad para ellos. Sus conflictos y tensiones interiores han sido reducidos.

Sin embargo, de acuerdo a la Escritura, todos esos beneficios están disponibles para los creyentes sin necesidad de que se hable en lenguas. Si los que hablan en lenguas han obtenido estos beneficios, se debe al deseo espiritual subyacente que tienen por ellos y no a su hablar en lenguas. El hablar en lenguas moderno solo confundirá todo y llevará al creyente por un sendero falso y peligroso, porque es un sustituto psicológico de una experiencia sobrenatural. Como lo dice el Dr. Burdick, es algo que raya con lo psicopático porque es un producto del cerebro cuando se aparta del control racional. Es "jugar con este instrumento delicado y precioso que Dios nos ha dado".

El hablar en lenguas y todas las demás formas de "abandono" emocional carismático con toda certeza llevará a la sustitución de la fe por la vista, conforme los creyentes busquen evidencia tangible de la presencia de Dios, en vez de estar dispuestos a aceptar su presencia por la fe. Las lenguas impedirán que obtengan su inspiración y consolación de la Palabra y de las promesas de Dios, dejándoles a la merced de impresiones subjetivas. En resumen, es el método más cruel y peligroso que los creyentes podrían utilizar para buscar las bendiciones espirituales que desean.

Hasta el día de hoy ya hay muchísimos creyentes que han pasado por una experiencia carismática y han salido de ella. Durante un tiempo, fueron profundamente afectados por el modo de adoración en la cual se tienen los ojos cerrados y las manos levantadas, en respuesta al movimiento del Espíritu (o así les parecía a ellos). La exuberancia de la adoración y la intimidad de las relaciones les convencieron. La experiencia de adorar en lenguas —que les llevó a un flujo extático de las "lenguas celestiales"— les atrajo como una forma maravillosa de "liberación".

Al final, sin embargo, se dieron cuenta de que la perspectiva general de su grupo carismático estaba lejos de la enseñanza clara de la Palabra de Dios. Conforme estudiaban la Palabra empezaron a preocuparse por el flujo constante de profecías, y comprobaban cada vez más que la comprensión doctrinal de los maestros carismáticos era superficial y espiritualmente insatisfactoria. Muchos se han quedado horrorizados por el extremismo creciente en años recientes, especialmente por las afirmaciones locas y extravagantes asociadas con el exorcismo y la sanación.

Un buen número de excarismáticos han hablado de su desengaño en cuanto a la falta de una preocupación real por justicia y santidad. Han descubierto que la fórmula del "bautismo del Espíritu" para la santificación no tocó realmente sus vidas ni les dio poder sobre sus pecados. Muchos han criticado sobretodo el estilo de adoración carismático, con su énfasis en el "abandono" emocional. Al pasar el tiempo lo encontraron todo muy repetitivo, incluso banal, y se hizo extremadamente evidente que esa clase de adoración pocas veces llegaba a superar un concepto elemental y sumamente subjetivo de la salvación. La falta general de temor reverencial junto con la música de ritmo mundana les llegó a ser discordante y ofensivo, y sus almas se resentían y añoraban algo más profundo, más sustancial, más reverente, más objetivo, más divino.

Otro motivo de insatisfacción que expresan las personas excarismáticas es la tendencia constante a la exageración que se ve en la afirmación incesante de prodigios asombrosos totalmente ajenos a la realidad. Sobre todo, las personas excarismáticas expresan su alivio al estar fuera del ambiente en el cual habían desarrollado una dependencia casi total de los sentimientos, las experiencias, las exaltaciones, los milagros, los impulsos y las coincidencias.

En estos días de confusión espiritual, Dios está llamando a su pueblo a permanecer firmes en la verdadera doctrina del Espíritu; la enseñanza que ha sido la base de la adoración y el testimonio del pueblo de Cristo durante toda la era del Evangelio. En los tiempos de la Reforma un poder espiritual real purgó a muchas naciones occidentales de superstición y de doctrinas de demonios, de manera que la gente ya no vivía con temor a su sombra en sujeción a las fábulas de Roma. Pero ahora ha cambiado la marea y el día de la venganza de Satanás está cerca. A través del movimiento carismático, el pueblo de Cristo ha llegado a ser él mismo abogado de prácticas que solo están a un paso de la brujería y el encantamiento. Nunca antes han necesitado tanto los que creen en la Biblia las exhortaciones de antaño:

"Estad firmes, y retened la doctrina que habéis aprendido" (*2 Tesalonicenses 2:15*);

"Pero lo que tenéis, retenedlo hasta que yo venga" (*Apocalipsis 2:25*).

Predicaciones del Dr. Masters,
en formato de audio o video, están
disponibles gratuitamente en inglés y en español
en la siguiente página de Internet del Tabernáculo
Metropolitano de Londres:
www.MetropolitanTabernacle.org

OTROS TÍTULOS DEL DR. MASTERS DISPONIBLES EN ESPAÑOL

Adoración en crisis
138 páginas, tapa blanda, ISBN: 978 1 870855 75 4

"La adoración está realmente en crisis", dice el autor. "Un nuevo estilo de alabanza se ha filtrado en la vida evangélica, sacudiendo hasta las mismas bases, conceptos y actitudes tradicionales". ¿Cómo deberíamos reaccionar? ¿Se trata solo de una cuestión de gustos y época? ¿Se verán ayudadas las iglesias, o más bien serán cambiadas hasta el punto que sea imposible reconocerlas?

Este libro presenta cuatro principios esenciales que Jesucristo estableció para la adoración, los cuales debemos usar para juzgar toda nueva idea. También proporciona un panorama fascinante de cómo se adoraba en los tiempos bíblicos, incluyendo sus reglas en cuanto al uso de instrumentos, y se responde a la pregunta: ¿Qué es lo que enseña la Biblia sobre el contenido y el orden de un culto de adoración hoy en día?

No como cualquier otro libro
Interpretación bíblica
177 páginas, tapa blanda, ISBN: 978 1 870855 87 7

Cada uno de los grandes errores y de los "ismos" que arremeten contra las iglesias hoy en día tiene su raíz en una interpretación bíblica defectuosa. Innumerables cristianos están pidiendo que se explique claramente la manera antigua, tradicional y probada de manejar la Biblia.

Un enfoque nuevo de interpretación también se ha apoderado de muchos seminarios evangélicos y colegios bíblicos. Este enfoque nuevo está basado en ideas de críticos incrédulos, despoja a la Biblia del mensaje de Dios y empobrece la predicación de los pastores. Este libro pone de manifiesto lo que está pasando y proporciona muchos ejemplos breves de interpretación correcta e incorrecta. El autor muestra que la Biblia incluye sus propias reglas de interpretación y todo creyente debería saber lo que estas reglas dicen.

¿Tenemos una política?
Los diez puntos de la política de Pablo para la salud y el crecimiento de la iglesia
69 páginas, tapa blanda, ISBN: 978 1 870855 77 8

¿Cuáles son nuestras metas para la instrucción de nuestra congregación y para el crecimiento de la iglesia? ¿Tenemos una agenda o un plan o un marco de objetivos que deseamos alcanzar?

El apóstol Pablo tenía una política bien definida, y la llamó su "propósito", usando una palabra griega que significa: un plan (o estrategia) expuesto para que todos lo puedan ver.

Este libro expone diez puntos de una política, espigados de la enseñanza de Pablo, todos los cuales son esenciales para el crecimiento y la salud de una congregación hoy en día.

Fe, dudas, pruebas y certeza
157 páginas, tapa blanda, ISBN: 978 1 908919 21 2

Una fe diaria es esencial para obtener respuesta a nuestras oraciones y para tener también un servicio efectivo, estabilidad espiritual y comunión real con Dios. Este libro responde a muchas preguntas sobre la fe, tales como:

¿Cómo podemos evaluar el estado de nuestra fe? ¿Cómo puede fortalecerse la fe? ¿Cuáles son las dudas más peligrosas? ¿Cómo nos deberíamos ocupar de las dudas difíciles? ¿Cuál es la actitud bíblica ante las pruebas? ¿Cómo podemos saber si las pruebas son para castigar y regañar, o para refinar? ¿Qué se puede hacer para obtener certeza de salvación? ¿Cuáles son las fuentes de la certeza de salvación? ¿Puede un creyente cometer el pecado imperdonable? ¿Cómo se siente exactamente la presencia del Señor?

El Dr. Masters provee respuestas, junto con mucho consejo pastoral, basándose en las Escrituras de principio a fin.

Membresía de la iglesia en la Biblia
65 páginas, tapa blanda, ISBN: 978 1 908919 25 0

Cristo ha diseñado un "hogar" o familia para su pueblo, descrito en estas páginas descrito en estas páginas como un logro de genialidad divina. Este es un tema magnífico, vital para el crecimiento y la bendición espiritual y para nuestro servicio al Salvador.

Este libro responde muchas preguntas respecto a las iglesias y a la membresía de las iglesias en los tiempos del Nuevo Testamento. Solo detrás de un verdadero caminar con Cristo y de conocer las doctrinas de la fe, ser miembro de una buena iglesia tiene una influencia formativa impactante en la vida del creyente.

Siete signos inequívocos
de una conversión verdadera
23 páginas, folleto, ISBN: 978 1 899046 33 1

Este folleto es una guía de las marcas de una conversión verdadera para aquellos que dudan de su salvación, y para el uso de consejeros en cuestiones espirituales.

Actualmente hay una tendencia generalizada de invitar a la gente a tomar

OTROS TÍTULOS DEL DR. MASTERS DISPONIBLES EN ESPAÑOL

una decisión superficial por Cristo y de asumir que son convertidos sin tomar en cuenta si existe o no evidencia de la obra del Espíritu. Para evitar conversiones ilusorias y superficiales, la verdadera naturaleza de la conversión, junto con sus signos, debe ser reconocida y comprendida.

Mayordomía cristiana
24 páginas, folleto, ISBN: 978 1 899046 44 7

La mayordomía de los bienes es un gran privilegio y bendición para aquellos que deben tanto a Cristo, el Señor. Nuestro llamamiento es ser obreros junto con Cristo.

Este folleto presenta los pasajes del Nuevo Testamento que muestran los objetivos, motivos, proporciones y manera de la ofrenda para el reino de Cristo y las almas de hombres y mujeres.

El bautismo
Lo que representa y su propósito
28 páginas, folleto, ISBN: 978 1 899046 49 2

¿Por qué el Señor tendría que insistir en el bautismo de todos aquellos que han sido convertidos? ¿Cuál es el significado del bautismo? ¿Qué lo hace tan importante, especialmente a la luz del hecho de que no contribuye espiritualmente en nada a la conversión? Este folleto tiene la intención de responder estas preguntas mostrando cómo el bautismo beneficia a la persona bautizada, a la iglesia y al mundo, y describiendo su cuádruple mensaje ilustrativo diseñado por Dios.

Este folleto procede a mostrar que el bautismo bíblico solo es para creyentes, y por inmersión, y además responde preguntas que surgen a menudo con respecto al bautismo de infantes.

Acuérdate del día de reposo
36 páginas, folleto, ISBN: 978 1 899046 42 3

¿Por qué instituyó el Señor el día de reposo? Y en la actualidad, ¿continúa el día de reposo como el día del Señor? Si es así, ¿de qué manera ha cambiado con la venida de Cristo? ¿Cómo deberíamos guardarlo?

Este folleto responde a estas y a otras preguntas mostrando que el principio que el día de reposo conlleva todavía forma parte de la voluntad de Dios para los creyentes hoy en día y exponiendo sus propósitos y bendiciones.

OTROS TÍTULOS DEL DR. MASTERS DISPONIBLES EN ESPAÑOL

Cómo buscar y encontrar a Dios
16 páginas, folleto, ISBN: 978 1 899046 25 6

Este folleto es para personas que quieren encontrar a Dios. El autor muestra que encontrar a Dios no es un asunto vago, ya que existe una manera definida para la salvación provista por Dios y revelada en la Biblia. Responder a este mensaje (y a este mensaje solamente) lleva a la conversión, que es un cambio dentro de nosotros que nos trae a conocer al Dios viviente y a relacionarnos con Él.

La respuesta que debemos tener es creer. ¿Pero, qué es exactamente creer? Partiendo de la enseñanza del rey Salomón en el libro de Proverbios, este folleto muestra qué tipo de fe nos llevará a encontrar a Dios.

Vanidad de vanidades
12 páginas, folleto, ISBN: 978 1 899046 34 8

Vanidad de vanidades presenta la experiencia del rey Salomón, quien experimentó con todo tipo de placer concebible. Salomón concluyó que la vida carece de sentido y es predecible a menos que las personas busquen a Dios, lo encuentren y conozcan su poder y guía en sus vidas.

Las dificultades del que busca la salvación
20 páginas, folleto, ISBN: 978 1 899046 43 0

Este folleto responde a diez dificultades con las que se encuentran aquellos que buscan a Dios como Salvador de una forma seria. Tales dificultades no son preguntas o dudas acerca de la fe, sino obstáculos personales al acercarse a Cristo por medio de la fe. La guía que se encuentra en este folleto ha sido de gran ayuda para muchas personas que han buscado a Dios como su Salvador.

Literatura en español de las publicaciones *Sword & Trowel*
y de la *Wakeman Trust*
está disponible en la siguiente página de Internet.
www.WakemanTrust.org